# 「ビジネスマナー」基本の基本

高岡よしみ

PHP文庫

○本表紙図柄＝ロゼッタ・ストーン（大英博物館蔵）
○本表紙デザイン＋紋章＝上田晃郷

# はじめに

本書は、あなたがビジネス社会で困らないために、社会人として必要なビジネスマナーの基本についてコンパクトにわかりやすくまとめたものです。

「ビジネスマナー」とは、社会生活を送るうえで、お客様や取引先、職場の上司や先輩などと、より良い人間関係を築き、スムーズに仕事を進めていくために必要な「技」です。

また、ビジネスマナーは社会人、ビジネスマンの常識として、誰もが身につけている暗黙のルールでもあります。社会人の常識・ルールである以上、ビジネスシーンにおいて自己流のやり方では通用しません。そればかりか、ひとつ間違えれば仕事に支障をきたし、相手の信頼を失うことでビジネスチャンスをのがすことにもなりかねません。

ですから、世の中の先輩ビジネスマンはマナーを大切にするのです。マナーが身についている人は、信頼され、仕事に繋がることが判っているからです。

ですがマナーは、堅苦しくて難しいというイメージをお持ちの人も多いでしょう。周りから強制され、やらされているうちは、つまらなくて面倒なものに映るかもしれません。

しかし、実際にマナーを実践すれば、そうではないことにあなたは気付くでしょう。「マナーができると信頼される」とわかった瞬間、ビジネスマナーがあなたの武器になり、技となり、説得力になることを。

その時のために、是非、マナーを身につけてください。そして、あなたの仕事への想いと情熱を、耳から聞こえる言葉として、目で見える行動として相手に伝えてください。

本書は、マナーの基本である「相手に好感を与える」「相手に迷惑をかけない」「相手を尊重する」という3つの要素をベースにまとめています。「相手のため」が「自分のため」になる。本書がそう思っていただけるきっかけとなり、あなたの成長の一助となれば幸いです。

高岡よしみ

# 「ビジネスマナー」基本の基本◉目次

## 第11章 会社の代表として見られる訪問時のマナー



## 第12章 評価を左右するビジネス文書

# 第1章 好感度を上げる身だしなみのマナー

# 身だしなみは好印象の決め手

最初によい印象を与えてコミュニケーションをスタートさせると、その後に何か失敗をしても、初めの好印象が不快感をカバーしてくれるという効果があります。これを「初頭効果」といい、ビジネスに携わるすべての人は、この初頭効果を高めたいと思っています。

身だしなみは、相手の第一印象を決定づける大事な要素です。特に仕事用の服は、重要なビジネスツール。服の選び方や着こなし、さらには、小物との組みあわせなどによって、相手に与える印象が大きく変わり、仕事の成果にも影響を及ぼします。どのようなものを身につけるか、慎重に選択する必要がありますが、気合いが入りすぎると、かえって失敗することがあります。気にならない、目に入らない服装が第一印象には最適。別れたあとで何を着ていたのか思い出せないぐらいのほうが、本人の印象が残ります。

相手とのおつきあいを豊かなものにするためにも、初めに好印象を残す身だしなみを心がけましょう。

# 身だしなみの基本

## ◎身だしなみの4つのポイント

**「身支度は仕事半分」**という言葉をご存知ですか？　身だしなみを整えることは、その日の仕事の半分を占めるくらい重要なことです。次の４つのポイントを念頭に置いて、きちんとした身だしなみを整えましょう。

**ポイント1◆清潔であること**

相手に不快感を与えないように、汚れやシワなどに注意することは、最低限のマナーです。アクセサリーやメイクなども、控えめにすると清潔感を与えます。

**ポイント2◆機能的であること**

動きやすく、仕事に適した装いであることが求められます。制服が支給されない場合でも、デザインだけでなく、機能性を重視した仕事服選びが大事です。

**ポイント3◆調和がとれていること**

仕事の目的にあわせ、髪型から足もとまで、統一感のあるコーディネートを心がけます。社内の雰囲気や先輩、同僚とのバランスを考え、相手に違和感を抱かせない配慮も大切です。

ポイント4◆TPOにふさわしいこと

時（Time）と場所（Place）、目的（Occasion）にあわせることが必要です。公私のけじめをきちんとつけて、職場では仕事をするのにふさわしい服装を整えましょう。

### ◎おしゃれと身だしなみの違い

おしゃれは、自分の好きな服を、着たいように着ること。つまり、自分中心の装いといえます。

一方、身だしなみは**同じ時間、同じ空間を共有する相手のことを考えた装い**です。その場の雰囲気や目的を考え、相手に不快感を与えない配慮が求められます。

# 男性の身だしなみ

## ◎スーツは〝作業服〟?

男性にとって、スーツは、ビジネス社会でのよろいの役割となる大切なツールです。身体にフィットしないスーツを身につけているようでは、仕事のための〝作業服〟にしかなりません。

「スーツは肩で着る」といわれ、肩まわりのサイズが決まると自然に背筋が伸び、軽快な印象が生まれます。肩があわずにダブついていると、身ごろにシワが入ったり、歩くたびにスーツが揺れて、だらしない印象になり、ビジネスに不向きです。

## ◎男性のワードローブ計画

スーツは、シングル2つボタンまたは3つボタンで体に合うサイズを選びます。なるべくシンプルなデザインで濃紺か暗灰色が無難です。

## ワイシャツ

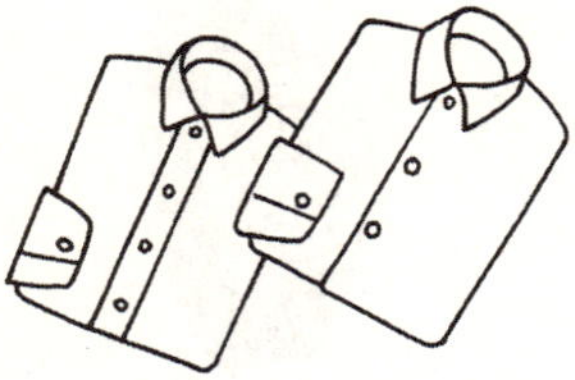

レギュラーカラーが基本。白無地や白をベースにしたストライプなどをコーディネートすると、さわやかな印象に

## スーツ

基本はシングルの2つボタンまたは3つボタン。春夏用と秋冬用にそれぞれ3着は用意しておきたいところ。色はダークブルーやダークグレーが定番

## ベルト

革素材のベルトをセレクト。靴や鞄などと同じ色でコーディネートすると、統一感が出る

## ネクタイ

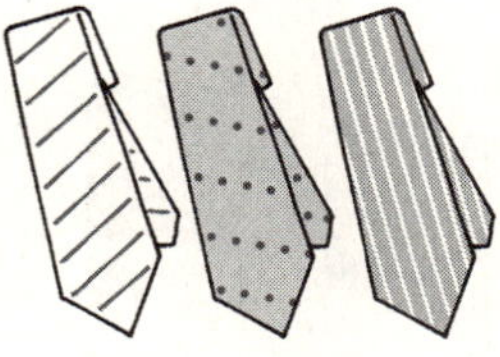

色や柄が豊富なネクタイは、個性を主張しすぎる場合も。ブルー系やグレー系、淡い黄色や淡いピンクなどの色を選ぶと失敗しない。大柄なデザインは、カジュアルな印象に。レジメンタルなどのストライプやドット、小紋などがビジネスにはおすすめ

## 靴

プレーントゥやウイングチップなどの革靴を。ビジネスシーンでは、紐《ひも》結びの靴が基本。色は、どんなスーツにもあわせやすい黒かこげ茶が無難

## 時計

シンプルなデザインがおすすめ。ベルトは革か金属のものを。携帯電話を時計代わりにするのは、印象ダウンの原因になるので要注意

## 鞄

書類が十分に入るなど、機能性を重視して。ブランドが目立ちすぎないデザインに。靴と同じ色にするのが上手なコーディネートのポイント

## コート

黒、紺色を基調としたコートが一般的。丈はひざ上のものが動きやすく、スーツとのバランスも○

ワイシャツは白の無地が基本です。ワイシャツの中に着るインナー（下着）も白の無地にしましょう。ワイシャツからTシャツの色や柄が透けている人を見かけることがあります。Tシャツをインナー代わりに着ることはビジネスには相応しくないので要注意です。

靴・鞄は上質のものを選びます。時計・ベルトはひと目でブランドを感じさせるものを避け、あくまでさりげなく。メガネもシンプルなものを。

個性よりも統一感や落ち着きを大事にしましょう。

## ◎男性のビジネスカジュアルの基準とは？

カジュアルデーでは自由な服装での出勤が認められています。男性はノーネクタイが基本です。しかし、普段のスーツスタイルからネクタイを外しただけではカジュアルではなく単なる「ネクタイ忘れ」に見えてだらしない印象です。そのためには、シャツに変化を付けるとよいでしょう。襟と身ごろの生地が違うクレリックシャツや、襟先にボタンがあるボタンダウンのシャツがおすすめです。スーツ以外にジャケットとチノパンのコーディネートも選択肢のひとつです。服装に合わせて足元もローファータイプの靴にすると相性がよいでしょう。

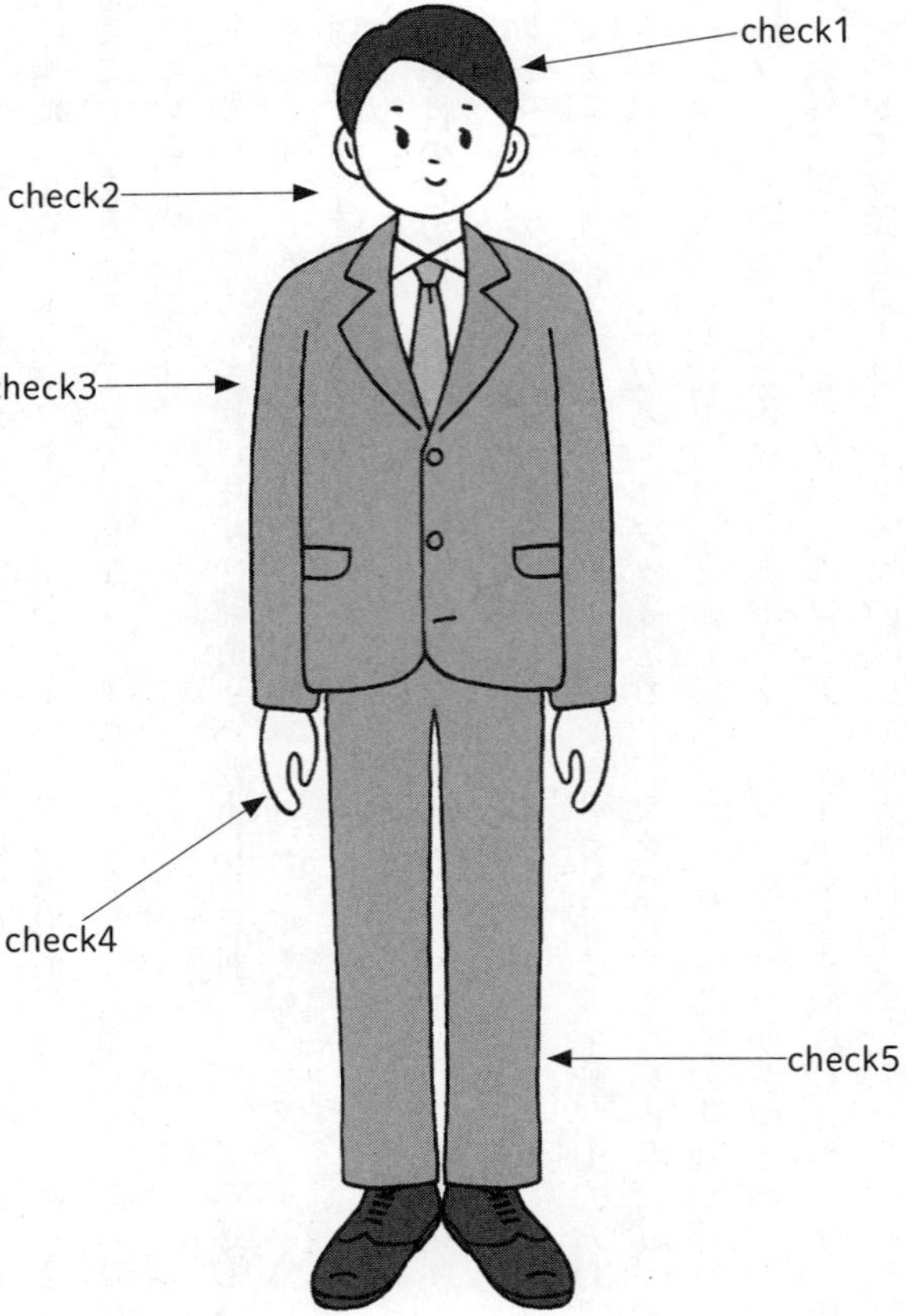
check1
check2
check3
check4
check5

## 男性の身だしなみチェックリスト

### Check1 髪型

- 寝癖はなく、きちんと整っているか
- 整髪料をつけすぎていないか
- 肩にフケが落ちていないか

### Check2 顔

- きちんとヒゲをそっているか
- 目やにがついていないか

### Check3 胸もと

- 襟章・名札をつけ忘れていないか、曲がっていないか
- スーツとワイシャツ、ネクタイが調和しているか
- スーツはビジネスに向いているものか
- スーツに汚れやシミ、シワ、ほころび、テカリがないか
- スーツは汗やタバコのにおいが気にならないか
- スーツとベルトは調和しているか（ベルトだけカジュアルなのはNG）
- ワイシャツの色は派手すぎないか
- ワイシャツの襟や袖口は汚れていないか
- ワイシャツにきちんとアイロンをかけているか
- ボタンが取れたり、取れかけていないか、糸がほつれていないか
- ネクタイがすり切れたり、よれていないか
- ネクタイが曲がったり、ゆるんでいないか

### Check4 指先

- 爪がのびすぎていないか
- 爪の先が汚れていないか

### Check5 足もと

- 靴、靴下の色は、統一感があるか
- ズボンはきちんとプレスされているか
- ズボンにテカリがないか
- 泥はねなどの汚れがついていないか
- 靴下は清潔か
- 靴に泥やホコリなどの汚れがついていないか
- 靴はよく磨いてあるか
- 靴の色がはげていないか
- 靴のかかとがすり減っていないか

## ビジネスカジュアル（男性編）

シャツ
クレリックシャツやボタンダウンがおすすめ
ジャケットとチノパンのコーディネートもおすすめ
靴
ローファーも相性◎

ワンランクアップ
アドバイス

**靴下は、靴とスーツのつなぎ役**

せっかくのスーツ姿も、靴下のコーディネートに失敗するとイメージが崩れてしまいます。靴下は靴とスーツをつなぐ重要なポイント。黒や紺のビジネスソックスを着用しましょう。白や赤など、調和をとりにくい色や、厚手の素材は避けたほうが無難。また、座ったときにスネが出ないよう、長めの丈を選ぶのがおすすめです。

## 女性の身だしなみ

### ◎控えめで清潔感のある身だしなみ

印象のよい身だしなみは、主張しすぎないのがポイント。服装だけでなくメイクやネイルなども控えめにし、爽やかで清潔感のある自分を印象づけましょう。女性の場合、男性に比べて仕事服の自由度は比較的高め。だからこそ、相手がどのような印象を抱かれるかを考え、髪型から足もとまで、きちんとした身だしなみを整えたいものです。

### ◎相手の目につくアイテムは上質なものを

スーツをはじめ、コートや鞄など、一度にすべてをそろえるのはむずかしいものです。やや値段の張るアイテムは、ボーナスを利用しながらよいものをそろえましょう。

特にコートは、訪問先やレストランで脱ぎ、人に預けることがあるもの。他人

## トップス

シャツやブラウス、カットソーなど、毎日のTPOにあわせて選ぶ。清潔感のある白を中心に、ベーシックカラーや淡い色をセレクトするとコーディネートの幅が広がる

## スーツ

黒やベージュ、グレーなど、ベーシックな色がおすすめ。シンプルなデザインなら、着まわしにも便利。スカートスーツとパンツスーツで計3着は用意したいところ

## 時計

機能的でシンプルなものがベター。ベルトは革か金属のものを。革のベルトなら、黒や茶色がおすすめ。カラーベルトは避けたほうが無難

## ボトム

単品のスカートやパンツは、柄や形にバリエーションを。スカートは短すぎるのはNG。立った時に膝がかくれる程度の長さに。ローウエストのパンツは、かがんだときに背中が出やすいので注意すること

## コート

丈はスカートが隠れるくらいが目安。薄手のものと、真冬用のウール素材などのコートを使い分けること。ボリュームのあるダウンジャケットは、ビジネスには不向き。シンプルなデザインを選んでおくと長く着ることできる

## 靴

基本はすっきりとしたデザインのパンプス。ヒールの高さは 3cm くらいが歩きやすい。オープントゥやサンダル、ミュール、ブーツなどは、ビジネスシーンにはカジュアルすぎるのでNG

## カーディガン

厚手のものは避け、ベージュやパステルカラーを中心に、カジュアルすぎないものをセレクト。袖口が汚れやすいので、手入れは念入りに

## ストール

寒暖の差が激しい時期や、冷房対策にお役立ちのストール。落ち着いた色あいのものならエレガントな印象に

## 鞄

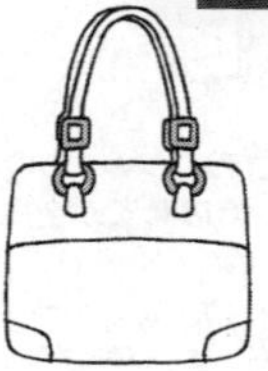

機能的なもの、きちんとした印象のものが、ビジネスでは好印象。書類を扱う場合は、A4サイズを基準に大きさを選ぶとよい

が見たり、触れたりすることを前提に、軽くて着心地のよい上質なものを。小物では、時計、バッグ、アクセサリーを上質にします。ひと目でブランドを感じさせないものが上品です。

## ◎ビジネスカジュアルはどこまでOK？

最近ではビジネスカジュアルを標準としている会社も増えてきました。女性はキャミソールやショートパンツのような肌の露出の高いものは避け、シンプルなトップスにカーディガン、膝下丈のスカートを合わせるなど、相手に安心感を与える服装選びを心がけましょう。

カジュアルといえど、くだけすぎには注意。大切な商談や訪問がある時はスーツスタイルで仕事へのやる気をアピールしましょう。

## ◎メイクはナチュラルメイクで

職場でのメイクはナチュラルメイクが基本です。女性にとってメイクは興味や関心が高いものですが、メイクはいくつになってもできるもの。だからこそ、若い時はもともとの自分の肌を生かした自然なメイクにしましょう。濃いアイラインにつけまつ毛、真っ赤な口紅の派手メイクでは悪目立ちをしかねません。

また、ノーメイクもマナー違反にあたります。これまでメイクをしてこなかった人もナチュラルメイクを身につけましょう。最初は不慣れでも、毎日メイクをすることで手が慣れて、短い時間でメイクができるようになります。

**◆ファンデーション**

自分の肌色より少し明るめにすると明るく健康的に見えます。顔の中央から外側に向かって伸ばします。髪のはえ際や鼻のまわりの塗り忘れがないように注意しましょう。

**◆眉毛**

長さを整えて、アイブロウパウダーで薄くふんわりと書き足しましょう。明るい茶色や細すぎる眉は下品に見えます。

**◆アイメイク**

アイシャドウは、ブラウン系やベージュ系の自然に見えるカラーにします。マスカラを付けると目元が元気な印象になります。

**◆チーク**

ピンク系かベージュ系のカラーでほんのり色づく程度に。

◆リップ

ピンク系のベージュかオレンジ系のベージュで自然な仕上がりにします。

ナチュラルメイクが出来たら髪型にも気を配りましょう。前髪は目にかからないようにピンで留めます。また長い髪は後ろでひとつに結びます。ヘアカラーは控えめにし、もし迷ったら先輩をお手本にしましょう。

ワンランクアップアドバイス

**指先のお手入れ**

指先や爪は相手から見てとても目につきやすいパーツ。爪の長さは業務に影響がないよう短めに整えましょう。マニキュア、ジェルネイルは避けるのが基本ですが、会社が許可している場合は透明か肌色に近い色味にします。華やかな色やキラキラ光るラメでは急なお悔やみごとが生じた時に対応できません。日頃から避けるようにしましょう。

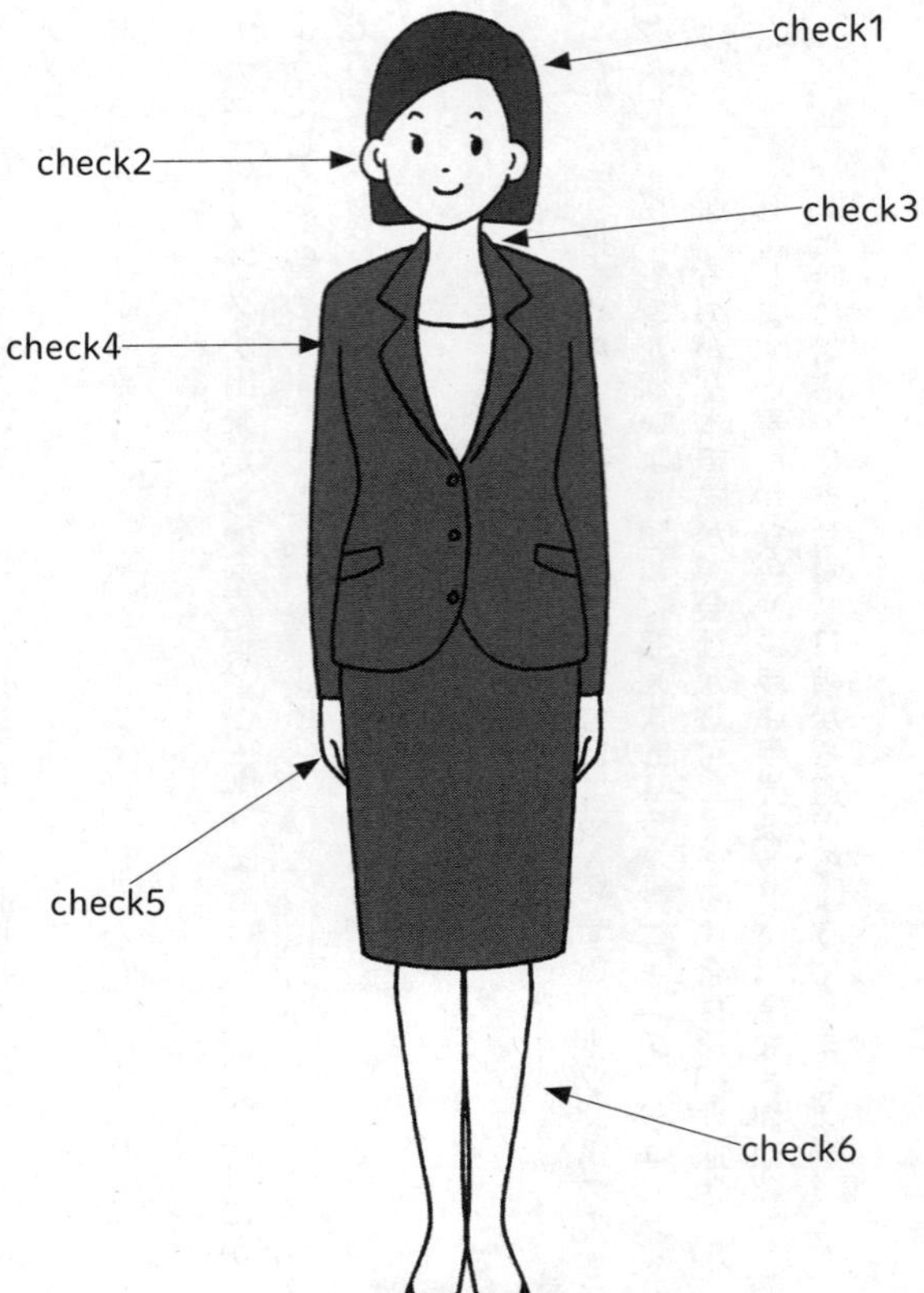
check1
check2
check3
check4
check5
check6

## 身だしなみチェックリスト

### Check1 髪型

- 寝癖はなく、きちんと整っているか
- 肩にフケが落ちていないか
- 前髪が目にかかっていないか
- 長い髪はまとめられているか
- ヘアカラーは明るすぎないか

### Check2 顔

- メイクは派手すぎないか
- 香水をつけすぎていないか

### Check3 アクセサリー

- デザインは派手すぎないか（ぶらぶら揺れるピアスなどはNG）
- 数は多すぎないか（指輪は片手に一つまで）

### Check4 胸もと

- 襟章・名札をつけ忘れていないか、曲がっていないか
- 服・スーツはビジネスに向いているものか（控えめで上品なものか）
- 服・スーツに汚れやシミ、シワ、ほころび、テカリがないか
- 服は職場に調和しているものか
- ブラウスの襟や袖口は汚れていないか
- ボタンが取れたり、取れかけていないか、糸がほつれていないか

### Check5 指先

- ネイルカラーは派手すぎないか
- ネイルカラーははがれていないか
- 爪がのびすぎていないか

### Check6 足もと

- スカートやズボンに汚れやシミ、シワがないか
- スカートの丈は短すぎないか
- ストッキングは清潔か
- ストッキングが伝線していないか
- 靴に泥やホコリなどの汚れがついていないか
- 靴はよく磨いてあるか
- 靴の色ははげていないか
- 靴のかかとがすり減っていないか

## 常備しておきたいアイテム

身だしなみは、清潔感が大切です。いざというときに備えて、職場にも最低限の身だしなみアイテムを常備しておきましょう。

たとえば、ボタンが取れたり、ほころびに気がついたとき、ソーイングセットがあればすぐに対応できます。食事の汚れがつきやすいワイシャツやブラウスの替え、口臭や体臭をおさえる歯磨きセットや制汗スプレーなども、清潔感のある身だしなみを整えるためには欠かせないアイテムです。

### ◎持ち歩くと便利なアイテム

ハンカチやティッシュを持ち歩くことは、最低限の身だしなみのマナーといえます。女性の場合、突然の伝線などに対応できるよう、予備用のストッキングを用意しておくと安心です。

また、筆記用具や手帳、名刺入れなど、人の目に入りやすいアイテムも、上質なものをそろえておきたいもの。日ごろからていねいに扱いましょう。

# 常備しておきたいアイテム

予備用ワイシャツ・ブラウス、靴下・ストッキング

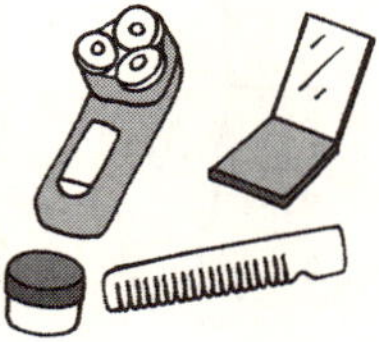

鏡、エチケットブラシ、くし、整髪料、髭剃り

制汗スプレー

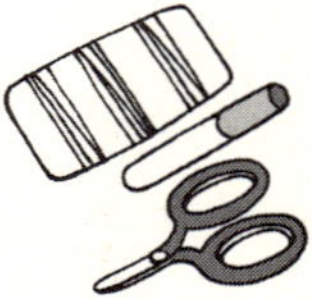

ソーイングセット

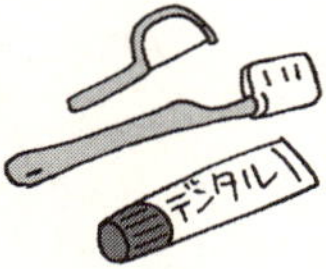


歯磨きセット

折りたたみ傘

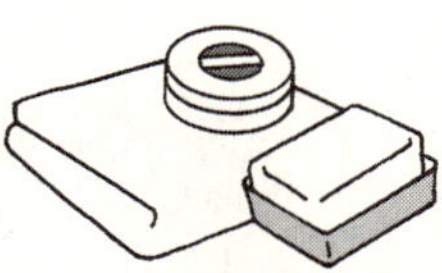

靴磨きセット

## 携帯しておきたいアイテム

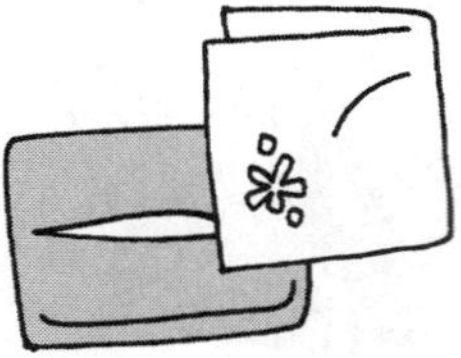

ハンカチ、ティッシュ

化粧ポーチ（メイク道具、鏡、
ばんそうこうなど）

携帯電話・スマートフォン

予備用ストッキング

筆記用具、手帳、
名刺入れ

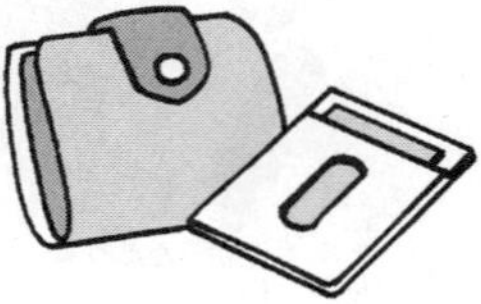

財布、定期入れ

持ち物にも清潔感が感じられることが、ワンランクアップの身だしなみのマナーです。

ワンランクアップアドバイス

### 小物に統一感を持たせて品格アップ

アクセサリーやバッグ、メガネ、ボールペンなどの金属部分を含んだアイテムは、ゴールド系かシルバー系のどちらかにそろえることでバラつかず、統一感が出ておしゃれな印象になります。同じように、色や素材もそろえるようにします。

手帳と名刺入れ、ペンケースは、ビジネスシーンでは、同時に人の目にふれることが考えられます。いずれも同じ色、同じ素材にすることで、すっきりとした印象やこだわりを感じさせます。素材は革、色は黒や茶系が上品で、品格アップにつながります。

## 身だしなみのまとめ

- 汚れやシワなどがない清潔感を保つことが基本
- 自分が着たい服ではなく、同じ時間と空間を共有する人に合わせた服を選ぼう
- 服装は第一印象を決める。カジュアルな場でもだらしないと思われない装いで

# 第2章

# きちんと見える姿勢・おじぎ・あいさつ

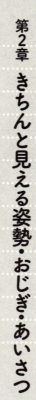

# 「できる人」ほどきちんとあいさつをしている

あなたは、仕事へのやる気や意欲をどのように表現しますか？

どんなにやる気があったとしても、それを相手に伝えなくてはだれも分かってはくれません。

それを伝えてくれるのが、まさに「あいさつ」なのです。

実際に、仕事が「できる人」ほど、社内の人や取引先だけでなく、清掃員や配達員にもあいさつをしています。

「できる人」はあいさつがあらゆるコミュニケーションの入口であること、その先に良い人間関係やビジネスチャンスがあることを知っているのです。

大切なあいさつ。どうせやるなら姿勢を整えて、適切な言葉を使って、丁寧なおじぎでやりましょう。

　本章では、姿勢の整え方、おじぎの方法、あいさつのポイントを詳しく紹介しています。あなたのやる気を、耳から聞こえるあいさつで、目で見える姿勢とおじぎで伝えましょう。

## 印象をよくする重心位置と基本の立ち方

### ◎姿勢は心の表れ

第一印象は5~10秒で決まるといわれています。この短い時間の中で、自分の熱意を相手に伝えるために、まず気をつけたいのは、姿勢です。

姿勢を正すことは、姿かたちを整えるだけではありません。「熱心な姿勢で仕事に取り組む」というように、**姿勢は心を表す手段**でもあるのです。背筋を伸ばし、外見を整えることで、だらしない動きや、いい加減な言葉づかいをしにくくなります。おのずと仕事に取り組む気持ちになり、成果にもつながります。

物事がうまく進んでいるときには、自然と胸を張っていたり、落ち込んだ気分のときには、うつむきがちになっていたりと、姿勢は精神状態の影響を受けやすいポイントです。背筋をピンと伸ばした人がいると、その緊張感が伝わり、触発されて、周りの人も正しい姿勢になっていきます。

姿勢は気持ちの入り口です。**しゃんとした背筋を意識して、仕事に取り組む真**

**摯な気持ちを表現しましょう。**

## ◎重心の位置で印象を変える

立ち方は印象を決定づける大きな要素です。あいさつや話を聞く際も謙虚なイメージを持たれるか、横柄な印象を与えてしまうかは、重心の位置次第。重心位置によって、体がどう傾くかを意識して立ちましょう。

基本の重心位置と姿勢

足の裏全体は土踏まずから拇指球《ぼしきゅう》にかけて重心を置きます。姿勢は側面から見たときに、耳、肩、腰、ひざ、土踏まずのラインが一直線になるように立つのが基本です。

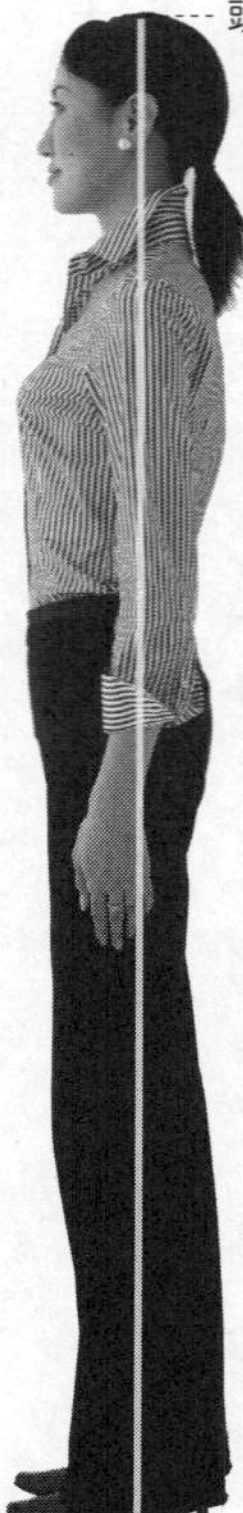


**重心**

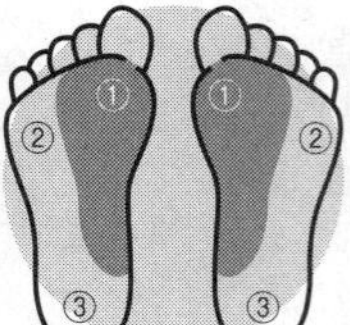


①拇指球
②外側
③かかと

# おじぎの仕方で気持ちが伝わる

## ◎おじぎは相手を大切に思う心

おじぎは、相手を思う心の表れです。相手との関係を大切にしようという気持ちが、ていねいで美しいおじぎの動作を生み出します。

きちんとした言葉や、状況にあわせた表情・態度であいさつをすることは、コミュニケーションを円滑に進めるために大切なことです。

しかし、言葉や表情・態度にばかり気をとられて、おじぎがおろそかになってしまっている人も少なくありません。あいさつに加えて、メリハリのあるおじぎをすることで、相手への敬意や感謝、お詫びの気持ちを的確に表現することができます。基本の型をマスターして、礼にかなったおじぎを心がけましょう。

また、おじぎは表面的なものではありません。**心がこもっていなければ、１つひとつの所作がぞんざいになり、逆に不快な印象を与えてしまいます。**

相手を大切に思う心をこめて、ていねいにおじぎをすることで、誠意を表現します。

## ◎3種類のおじぎを使い分けよう

おじぎには「会釈」「敬礼」「最敬礼」の3種類があり、あいさつを伴うのが基本です。状況にあわせて、使い分けましょう。

[会釈]

廊下ですれ違うときなどに使います。「失礼します」「失礼いたします」など。

[敬礼]

一般的なおじぎで、もっとも多くのシーンで使います。「いらっしゃいませ」「かしこまりました」「お待たせいたしました」「恐れ入ります」「ありがとうございます」「ありがとうございました」など。

[最敬礼]

お詫びや深い感謝の気持ちを表すときなどに使います。「申し訳ございません」「ありがとうございました」など。

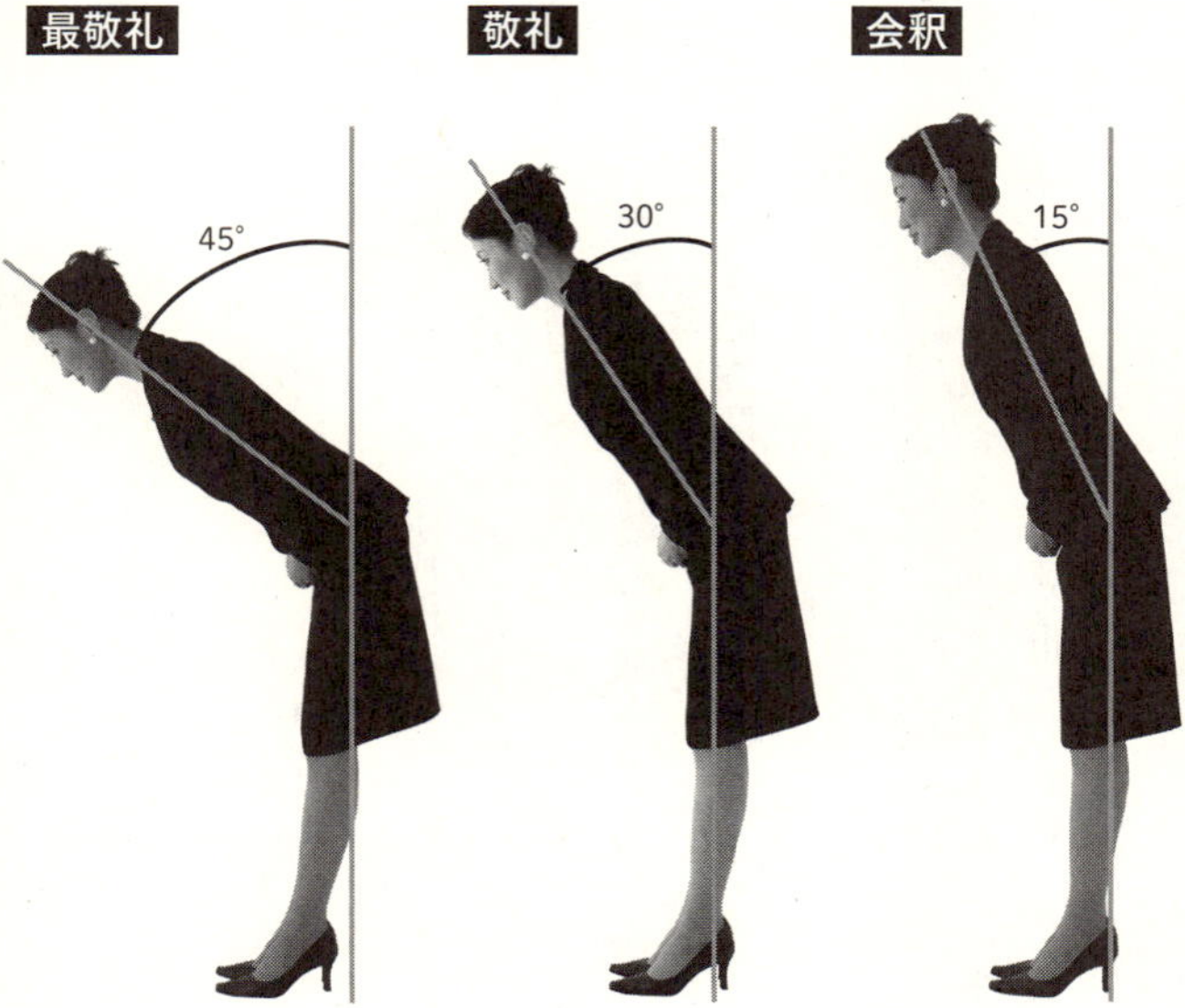
最敬礼
45°
敬礼
30°
会釈
15°

### ◎同時礼と分離礼

3種類のおじぎのほかに、2パターンのおじぎの仕方を覚えておきましょう。言葉を発するのと同時におじぎをする「同時礼」と、あいさつをしたあとにおじぎをする「分離礼」です。

同時礼は、日常的なシーンでよく使われますが、頭を下げながらあいさつをするため、相手に声が届きにくく、表情がわかりにくいという面があります。

一方、分離礼は一連の動作にメリハリがあり、よりていねいな印象になります。お客さまと接するときには、分離礼を基本にするとよいでしょう。

### ◎気をつけたいおじぎの注意点

**◆首だけを下げない。**

**◆歩きながらおじぎをしない。**

首だけを下げたり、歩きながら頭を下げると、横柄な印象を与え、失礼になります。いったん立ち止まって、動作を止めてから、おじぎに入るのが基本です。

◆体を起こして、相手に目線をあわせるまで気をぬかない。

腰を折った段階でおじぎを終えた気分になっていると、体を起こしたときに表情に緊張感がなく、せっかくのおじぎがだいなしになってしまいます。体を起こし、目線を相手に戻すときにも笑顔を意識します。

一つひとつの所作に心をこめて、ていねいなおじぎを行ないましょう。

ワンランクアップ
アドバイス

**同時礼と分離礼の上手な使い方**

相手から離れた距離にいるときは、分離礼を使い、まず声で自分に気づいていただいてからおじぎをします。相手との距離が近づいたら、再度、同時礼であいさつをすると、敬意のあるあいさつとおじぎになります。

## あいさつ一つで印象が変わる

### ◎心に届くあいさつを

あいさつはコミュニケーションの第一歩です。相手に届いたときに、心地よく感じてもらえるあいさつができると、その後の会話も円滑になります。

**あいさつの目的は、自分の存在をアピールすることではありません。「あなたの存在を確認しました」ということを相手に伝えるためにするのが、あいさつです。**

相手の存在に気づいたのにもかかわらず、きちんとしたあいさつができていなかったり、あいさつをしたつもりでも、相手に届いていなかったりすると、コミュニケーションがなかなか始まりません。

**あいさつは、相手の耳に届けるだけでなく、心に届けるものです。**笑顔や明るい声のトーンを意識し、相手の目を見て、気持ちのよいあいさつを心がけましょう。

**あいさつのポイント**

| | |
|---|---|
| あ | あかるく |
| い | いつも |
| さ | 先に |
| つ | 続けて |

## ◎感じのよいあいさつの仕方

相手に心地よく感じていただけるあいさつのポイントは、**「明るく」「いつも」「先に」「続けて」**の4つです。

［明るく］

明るいあいさつは、社内の雰囲気を明るくします。また社外のお客さまをお迎えする際も気持ちが伝わり、さわやかな印象を与えてくれます。

［いつも］

暗い気持ちや体の不調は、表情をこわばらせたり、声が弱々しくなってしまったりと、あいさつにも影響します。自分の感情や体調を上手にコントロールして、いつも笑顔であいさつをしましょう。

[先に]

あいさつは〝先手必勝〟。上手なコミュニケーションのコツは、自分から先にアプローチすることです。お客さまに対してはもちろん、上司や同僚などに対しても、相手の言葉を待つのではなく、自分から先に声をかけることを心がけましょう。

[続けて]

あいさつだけでなく、状況にあわせた会話を続けることによって、コミュニケーションが豊かになります。また、気が向いたときだけあいさつをするというのではなく、毎日続けることが大切です。

## ◎ビジネスシーンの基本のあいさつ

### ◆おはようございます・こんにちは・こんばんは

相手との出会い頭に使う基本のあいさつです。その後のコミュニケーションのきっかけにもなる大切なあいさつ言葉。印象アップのためにも爽やかさを意識しましょう。

**◆ありがとうございます**

感謝の気持ちが伝わるように心を込めて口にしましょう。

**◆いつもお世話になっております**

ビジネスでの慣用句として日常的に使います。ビジネスメールでも文頭に用います。

**◆よろしくお願いします**

お願いごとの場面で使います。また相手とのお付き合いを望むあいさつとしても用います。

**◆かしこまりました・承知しました**

目上の人から用件を承った時の返事として用います。上司に「了解しました」「わかりました」は失礼にあたります。

**◆失礼します**

部屋の入退室や椅子の離着席など、様々な場面で使うあいさつです。

**◆お疲れさまです**

主に社内の人に対して、退社時などに使います。宅配便などの業者の人にもお礼の気持ちとして伝えるとよいでしょう。

## ビジネスシーンの基本〝いかもおおあし〟

| | |
|---|---|
| **い**らっしゃいませ | ・お客さまをお迎えするとき |
| **か**しこまりました | ・上司から指示を受けたとき<br>→「はい」のみの返事はNG |
| **も**うしわけございません | ・お詫《わ》びをするとき<br>・要望に応えられないとき |
| **お**またせいたしました | ・相手を待たせたとき |
| **お**それいります | ・何かを尋ねるとき<br>・要望に応えられないとき |
| **あ**りがとうございました | ・感謝の気持ちを伝えるとき<br>→"相手とのおつきあいはこの先も続いていく"という考え方から「ありがとうございます」とする場合も |
| **し**つれいいたします | ・上司に声をかけるときや部屋の入退室など行動を起こすときに |

### 「すみません」「どうも」のいいかえ

- 感謝 → ・ありがとうございます ・恐れ入ります
- 謝罪 → ・申し訳ございません ・失礼いたしました
- 依頼 → ・恐れ入りますが ・お手数をおかけいたしますが

など

**◆お先に失礼します**

退社時のあいさつとして周囲の方々に対して使います。

**◆申し訳ございません**

お詫びのあいさつです。表情や声にも謝罪の気持ちを込めて伝えましょう。

### ◎多義語に注意

「すみません」や「どうも」という言葉を、あいさつ感覚で使ってはいませんか？　これらの言葉は、感謝や謝罪など、いくつかの意味を含む〝多義語〟です。さまざまな場面で使うことができる便利な言葉ですが、気持ちが伝わりにくいという面もあります。

自分の気持ちを正確に、わかりやすく伝

えるためには、「ありがとうございます」「申し訳ございません」などの言葉にいいかえたほうがよいでしょう。

また、気軽に使われるぶん、言葉の重みを感じにくいため、ぞんざいな印象や横柄なイメージを与えてしまいます。

相手に快く感じてもらえるためには、避けたほうがよい言葉だといえます。

ワンランクアップアドバイス

**状況に応じたあいさつを！**


明るく声をかけることが、あいさつの基本ですが、必ずしも大きな声でするのがよいとはかぎりません。

たとえば、落ち着いた雰囲気で食事や会話をしているときに、突然、大きな声であいさつをしたら、静かなムードを壊してしまいます。

また、悲しみごとの席などではしめやかな態度が、お客さまからご意見をいただくときなどには真摯な態度が求められます。

ＴＰＯを的確に判断し、状況に応じた声かけをすることが、ていねいなあいさつのポイントです。

## 姿勢・おじぎ・あいさつのまとめ

●内面の感情が表れやすいのが姿勢。背筋を伸ばして、真摯な気持ちを表現

●ぞんざいなおじぎによって、相手に悪い印象を持たれないように

●あいさつは相手に伝えるためのもの。積極的に声をかけることが基本

●多義語よりも「申し訳ございません」「ありがとうございます」などの丁寧語を

# 第3章 心をとらえるコミュニケーションの基本

# コミュニケーションとは

コミュニケーションとは、自分以外の2人以上の人間同士が、意思や感情、思考を相手に正しく伝え、相手から間違いなく受け取り、共有することをいいます。

現代社会では、コミュニケーションというと広い意味で使われますが、社会人としてめざすコミュニケーションは、**聴き手と話し手が相互にその役割（聴くと話す）を交替しながら進めていくものです。**

この相互の伝達があってこそ、コミュニケーションといえるわけで、ワンウェイ（一方通行）にならないように、ツーウェイ（双方向）を意識しましょう。

ビジネス社会におけるコミュニケーションのスキルは、人間関係や仕事の成果にも結びつくものです。

## コミュニケーション力を高める

### ◎コミュニケーションの目的

コミュニケーションは、次のような目的で行ないます。

◆情報を伝達して共有化する。
◆対人関係をよくする。
◆協力を求める。コミュニケーションをとることで、おのずと忠告や助言をもらえるようになる。
◆会話を楽しむ。気持ちのよい商談ができたときは、双方が満足感を得られる。

### ◎コミュニケーションの手段

コミュニケーションは、言葉で情報・感情・意見を伝えるバーバルコミュニケーションだけではなくて、身振り・手振り、しぐさ、態度、表情といったノンバーバルコミュニケーションも加味されます。つまり、コミュニケーションの手段

には、言語と非言語の2つがあり、双方が一致しバランスよくできたときに、コミュニケーション能力は一段と高くなります。

**人間は集中しないと言語と非言語のバランスが崩れる**ケースがあることを知っておきましょう。

たとえば、上司に叱責を受けていたとします。それに対して、言葉では「申し訳ございません」といい、反省しているつもりでも、頭の中で「私だけのせいじゃない」「なんで自分だけ怒られるのか」とチラッとでも思ったなら、その思いが表情や目線に出てしまいます。

## 社会人の話し方のポイント

職場における話し方のポイントは聴き手が「わかりやすい」ように話すことが基本です。

### 1 わかりやすく話す

話す内容を相手に理解してもらうために、次のことに気をつけて話すようにしましょう。

**◆だれにでもわかる言葉で話す**

専門用語やむずかしい言葉・表現は避け、相手が理解できる言葉に言い換えます。

**◆理解できるように話す**

話の筋道を考え、聴く側の身になって、論理的に話しましょう。どのような言葉で、どのように話すと理解がえられるかを考え話すことが大切です。

**◆最初にテーマを話す**

「○○についてお話しします」と、最初に切り出します。

**◆あいまいな表現をしない**

「たぶん……」「だいたい……」などの表現は避けましょう。名前などの固有名詞や数字、時期は具体的に正確に話すようにします。

## 2 簡潔に話す

仕事の報告や説明は、ダラダラとまとまらない話し方をするとタイムロスになります。限られた時間の中で、自分が伝えたいことを簡潔に伝えましょう。

**◆結論から話す**

「結論からお話ししますと……」と切り出し、経緯を伝えるようにします。

**◆話す内容を箇条書きにして話す**

先に話の枠組みを相手に伝えます。「報告事項が3点あります。1つ目が……、2つ目が……、3つ目は……です。」など。

**◆ワンセンテンスを短くする**

話を読点（、）で続けず、程よく句点（。）で区切り、一文を約40文字程度にしましょう。

### 3 明確な発音・発声で話す

自分では話しているつもりでも、声が相手に届いていなければ、意味がありません。声をはっきりだすようにしましょう。

**◆口を大きく開けて、歯切れよく話す**

社会人としてよく使うあいさつや言い回しには、「おはようございます」「ありがとうございます」「お待たせしました」など、口を縦に開く「あ」「お」で始まる言葉が少なくありません。口を上下に大きく開けて話しましょう。

**◆声のトーンを高めに話す**

声の印象はトーンで決まります。一本調子にならないように、声に表情を持たせて少し高めの声で話しましょう。

### 4 相手の反応をみながら話す

聴き手が理解をしているかどうか、反応を確認します。聴き手を置き去りにしないように気を配りながら話しましょう。

**◆相手の理解度を確かめながら話す**

話しの転換場面で、「ここまでは、おわかりいただけましたでしょうか」「ここまでで、何かおわかりになりにくいところはございませんでしょうか」と尋ねることで理解度を確認します。

### ◆反応を見る

相手の表情や、うなずき、視線、態度から相手の理解度や関心度をつかみます。

## 5 その場に適した声の大きさで話す

声の大きさは、部屋の大きさ、聴き手の人数、話の内容によって調整します。お祝いの場や、お悔やみの場など状況によっても変わります。大きければいいというものでもありません。

## 6 聴きやすい速度で話す

話す速度は、速すぎても、ゆっくりすぎても聞きとりにくいものです。早口の人の話は読点（、）で文を続けて話す傾向があり、「この話、いつまで続くのだろう」と相手を不安にします。また、ゆっくり話す人の話し方は「一体、何がいいたいのだろう」と相手をイラつかせます。1分間に300文字ぐらいを目安に、上手に間をとりながら話すようにしましょう。

### ◎聞き取りやすい話のリズムとスピード

話すことは、社会人にとって必須のスキルです。
そのスキルに大きな影響を与えるのが、話すトーンやリズム、スピードです。

**①話すスピードを使い分ける**

早口は一般にマイナスですが、最初に速く話しておくと、あとでゆっくり話すときに、その内容が生きてきます。

**②間を適度に取る**

**話の区切り区切りで間を取るのは、相手に想像する時間をつくってあげることがねらいです。**「続きを聴きたいなあ」「この企画は、弊社の課題に対応できるかな」と、その間にいろいろな想像を相手はします。

この間をとらないで、立て続けにアプローチしていくと、相手はイメージを膨らませられないままに次の行動を強いられ、圧迫されている印象を持ちます。急がないこと。

ワンランクアップ
アドバイス

## 話しベタ克服の3つのポイント

話し上手になる特効薬はありません。ですが、繰り返し練習をすれば必ず上手になります。次の3つのポイントを心がけ、話し上手を目指しましょう。

①話し方や言葉に関心を持つ
アナウンサーや、感じの良い人の話し方に関心を持ち、その話し方を参考にします。

②言葉を選ぶ
同じことを伝えるにも言葉の選び方によって印象は大きく変わります。好感を持たれ、効果的な言葉選びを心がけましょう。

③訓練・実践をする。
学んだことを人前で実践しましょう。話し方教室で学んだり、毎日の音読も良い訓練になります。

## 聴き方の基本

### ◎3つの「きく」

「きく」には、聞く、聴く、訊くの３つがあり、どれもがビジネスシーンに欠かせません。

［聞く］
電車の中での携帯電話の着信音など、聞こうと思わないでも勝手に耳に入ってくること。

［聴く］
自分から積極的に聴きたい、聴こうと思うこと。「傾聴（アクティブ・リスニング）」ともいいます。

［訊く］
尋ねる、質問すること。

ビジネスで大事なことのひとつは、情報収集です。そのためには、相手の要望は何なのかと、相手の話に積極的に耳を傾け（聴く）、時には、こちらから相手に確認していきます（訊く）。また、日々の生活の中で、新しいトレンドや経済の動きなどをとらえることも大事です（聞く）。

このように、3つの「きく」を使い分けることで効果的な情報収集ができますが、中でも重視してほしいのが「聴く」です。

### ◎「聴く」メリット

①いろいろな情報が入ってきやすくなる。
②相手の存在を認め、相手を理解することができる。
③相手とよい人間関係を築いていくことができる。

**ヒアリングができていないと、その後のビジネスにつながりません。**まずはしっかりと「聴く」ことです。

## 社会人の聴き方のポイント

ビジネスシーンでは、姿勢、表情、うなずき、目線などの非言語コミュニケーションを活用して、聴いている態度を示しましょう。

### 1 相手が話しやすい態度を

①聴くときの姿勢

耳だけでなく、目も、表情も含めて全身で傾聴します。姿勢は前傾姿勢。

②表情

困っている話には困った表情、楽しい話には楽しい表情というように、相手の感情に共感した表情をつくります（表情のミラーリング↓77ページ）。一般的にはほほえみを浮かべていると、相手は安心してリラックスするといわれます。

③距離

相手と適度な距離（パーソナルスペース）を保ちながら聴きます。パーソナルスペースとは他人に近づかれると不快に感じる距離で、一般的に次の4つがあります。これは人によって個人差はありますが、ビジネスでは1・2〜3・5メートルが適した距離だといわれており、会話が相手の耳に届き、双方が手を伸ばしたときに握手ができる距離です。

・密接距離……0〜45センチ。体に触れることが出来る距離。家族や恋人がこの距離。

・個体距離……45〜120センチ。相手の表情がわかる距離。仲の良い友人同士がこの距離。

・社会距離……1・2〜3・5メートル。容易に声が届き会話ができるビジネスの距離。

・公共距離……複数の相手が見渡せる距離。1対複数の面接や講演などの距離。

**④座る位置**

向かいあって（対面で）座るよりは、横並びで座るほうが、会話の量が3倍に増え、さらに、直角に座ると6倍になります。

**⑤目線・視線**

目の高さは相手にあわせます。目をキョロキョロ泳がせるのは、真剣に聴いてもらっていない印象、視線を引きずるのは、なめるように見られている印象を相

## 座る位置

①向かいあって座る

②横並びで座る

会話の量は①より３倍に増える

③直角に座る

会話の量は①より６倍に増える

## 三つのうなずき

| |
|---|
| 軽く何度かくり返すうなずき<br>↓<br>返事をあらわす |
| ゆっくりと大きくうなずく<br>↓<br>関心をあらわす |
| 深く一つうなずく<br>↓<br>約束をあらわす |

## あいづちの例

| | |
|---|---|
| 基本 | はい／ええ<br>そうですね |
| 同意 | おっしゃるとおりです<br>本当にそのとおりです<br>私もそう思います<br>私も同感です |
| 共感 | さすがですね<br>すばらしいですね<br>大変でしたでしょうね |

手に与え、いずれもNGです。

基本はアイコンタクトですが、ずっと見続けると、相手は圧迫感を感じるため、視線ゾーン内で上手に目を運び、圧迫感をやわらげましょう（↓76ページ）。

## 2 話しやすい反応を

**◆あいづち、うなずき**

タイミングのよいうなずき、あいづちは、会話の潤滑油です。

「あなたの話を聴いています」「理解しています」というメッセージを送り、相手も安心して話ができます。

**◆くり返し**

相手が言った言葉の語尾をくり返していくことも、会話の促進剤。

## 3 話の腰を折らずに最後まで聞く

話は最後まで聞かないとわからないという前提で聞きましょう。

・相手が話している途中で「要するに（ひと言でいうと）、こういうことですよね」と、勝手に要約してしまわないこと

・相手の話を途中でさえぎって話さない
・途中まで聞いて、わかったつもりにならない

### 4 先入観を持たない

モノの見方や考え方は様々。価値観は人それぞれに異なります。心を広く持って、新鮮な気持ちで興味を持って聞きましょう。事前の情報や偏見に左右されないようにします。

## ◎会話の材料づくり

初対面からいきなり仕事の話では、互いにぎこちなく、気まずい雰囲気になることもあります。そんなときは、最初に簡単な雑談で場を和ませることも必要です。

次に紹介するのは、会話がはずむ「話の材料」として、「きどにたちかけし衣食住」という言葉。その場や状況にあったものを選び活用するとよいでしょう。会食の席やタクシーでの移動中など、何気ない会話の材料に困ったときに役立ちます。

**き……季節、気候**
**ど……道路事情**
**に……ニュース**
**た……旅、旅行**
**ち……知人、友人**
**か……家族**
**け……健康**
**し……趣味**
**衣……ファッション**
**食……グルメ**
**住……住まい、インテリア**

ただし、気をつけたいのは政治や宗教などの話題。意見がぶつかりやすい話題はさけましょう。特定のスポーツチームの話もさけておくのが無難です。

## 効果的な視線づかいのポイント

「目は口ほどにものをいう」というように、視線からはさまざまな意味を読み取ることができます。相手から好感を持たれる視線づかいのポイントをおさえておきましょう。

**①視線ゾーンで相手を見る**

会話をするときには、相手の目を見ることが基本です。しかし、目ばかりを見つめていると、威圧感を与えてしまうことがあります。**上手に視線を外すことが、相手に圧迫感や疲れを感じさせないポイントです。**相手に向ける視線は、両目と口をつないだ逆三角形の視線ゾーン内でおさめます。

**②視線を引きずらない**

視線を動かすときは、うなずきやあいづちをはさむことが大事です。まばたきをせずに目だけを動かすと、見られた側は〝なめるように見られた〟という印象になります。動揺しているようにキョロキョロと動く目線は、相手に不安を感じさせてしまいます。**目を泳がせるような視線づかいにも注意しましょう。**

**③アイコンタクトをとる**

商談がもうひと押しで決まるというところでは、相手と視線をあわせて、意思疎通をはかります。**重要なポイントで視線をあわせることで、効果的なアイコンタクトができます。**

**◎表情のミラーリングでお客さまに共感する**

相手の反応にあわせた表情をすることを、「ミラーリング」といい、表情や話の内容から、相手の感情を判断し、共感を示すテクニックです。たとえば、相談にのるときや意見をいただくときには、笑顔よりも〝真剣に耳を傾けている〟と伝わる表情が大切です。

また、相手が困った表情で話をしているときには、「さようでございますか、それはお困りですね……」というように、案じる表情で応対します。

気持ちに寄り添う表情をすることで、相手は話を聴いてもらっているという安心感や信頼感を感じます。

## コミュニケーションのまとめ

- 仕事中は「簡潔に」「明瞭な声で」「わかりやすく」を意識して話そう
- 話すスピード、声の大きさ、間など、自分の話し方のクセは意外とある
- 相手の要望や有益な情報などを「聴く」ことで、ビジネスは円滑に進む
- 姿勢、表情、うなずき、目線などの非言語コミュニケーションを活用しよう

# 第4章 品性を表す敬語のマナー

## 敬語は人間関係の潤滑油

社会へ出ると、年齢や立場、価値観の違う人々と接する機会が多くなります。それらの人々と円滑な人間関係を築いていくために、身につけたいマナーが敬語です。

商談の際はもちろん、上司や先輩などに対しても、敬語を使うのが基本です。「敬語」と聞くと、苦手意識を感じたり、堅苦しく思う人も少なくないかもしれませんが、敬語はできなくても許されるというものではありません。**敬語が使えないと、相手に対して失礼になるだけでなく、社会人として失格です。**

反対に、敬語を使いこなせるようになると、年齢や立場が上の人とでも、スムーズに会話を進めることができるようになりま

す。いわば、年齢や立場の違いをつなぐ役割を果たしてくれるのが敬語なのです。

**敬語は、「習うよりも慣れろ」**の精神で、使い慣れてしまえば、それほどむずかしいものではありません。

敬語は日本古来の美しい表現様式です。基本からしっかりマスターして、品格ある言葉づかいを身につけましょう。

## 3つの敬語と使い分けのコツ

敬語には、大きく分けて3つの種類があります。迷ったときには、主語が誰なのかを考えるとわかりやすくなります。

### ◎尊敬語

相手の立場を高める言葉づかい。目上の人の動作や状態を示すときに、相手を敬う気持ちを表現できます。

主語＝相手

①「〜れる」「〜られる」
↓お客さまが「話される」

②「お（ご）〜になる」
↓お客さまが「お話になる」

③いいかえる
↓お客さまが「おっしゃる」

## ◎謙譲語

フラットな状態から自分を一段下げることによって、相手を高める言葉づかい。謙虚な姿勢を表現することができます。

主語＝自分・身内

①「お（ご）～する」

↓私が「お聞きする」

②「お（ご）～いたす」

↓私が「お聞きいたす」

③「～させていただく」

↓私が「聞かせていただく」

④いいかえる

↓私が「拝聴する」「伺う」

## ◎ていねい語・美化語

相手と自分の立場が同じフラットな状態のときに使う言葉づかい。美化語は、日常的なものを美しく上品に表現するときに使います。
主語＝相手、自分

①「です」「ます」「ございます」
↓私は○○と申し「ます」

②「お（ご）名詞」（相手のものを指す場合）
↓こちらが最新の企画書で「ございます」
↓お名刺、ご意見、ご出席

③「お（ご）形容詞」（相手に対して使う場合）
↓お若い、お美しい、ご立派

④いいかえる
↓今日…「本日」、さっき…「先ほど」、すぐ…「さっそく」

⑤美化語を使う「お（ご）名詞」
↓お茶、お手洗い、ご飯

※①↓②↓③↓④↓⑤の順にていねいになっていきます。

## ビジネスシーンでよく使う敬語表現

| | 丁寧語 | 尊敬語 | 謙譲語 |
|---|---|---|---|
| 言う | 言います | おっしゃる | 申し上げる |
| 行く | 行きます | いらっしゃる | 参る |
| 見る | 見ます | ご覧になる | 拝見する |
| 聞く | 聞きます | お耳にはいる | 伺う |
| 持つ | 持ちます | お持ちになる | 持たせていただく |
| 食べる | 食べます | 召し上がる | いただく |
| もらう | もらいます | お納めになる<br>お受けになる | いただく<br>ちょうだいする |
| 与える | 与えます | 賜る<br>くださる | 差し上げる |
| いる | います | いらっしゃる | おる |
| する | します | なさる | いたす |
| 会う | 会います | お会いになる | お目にかかる |
| 思う | 思います | お思いになる | 存じる |
| 知っている | 知っています | ご存知 | 存じる(物・場所)<br>存じ上げる(人物) |

## 仕事での人や会社に対する言葉

| 相手側 | | 自分側 | |
|---|---|---|---|
| お客様 | そちら様・あなた様 | 自分 | 私 |
| お客様の会社 | 御社・貴社 | 会社 | 弊社・私ども |
| お客様の役職 | 部長の○○様 | 役職 | 課長、部長 |

## ビジネスシーンでよく使う敬語表現

| 普段の言葉遣い | ビジネスシーンの応対言葉 |
| --- | --- |
| あの人 | あちらの方 |
| 相手の同伴者 | お連れ様、お連れの方 |
| だれ | どちら様、どなた様 |
| あの男の人 | あちらの男性、男性のお客様 |
| ありません | ございません |
| すみません | 申し訳ございません |
| 分かりました | かしこまりました、承知しました |
| その通りです | おっしゃる通りです |
| ちょっと待ってください | 少々お待ちください |
| 今、みてきます | ただいまお調べしてまいります |
| どうですか・どうしましょうか | いかがですか・いかがいたしましょうか |
| 言っておきます | 申し伝えます |
| 名前は何と言うのですか | お名前は何とおっしゃいますか |
| きてください | お越しください |

| | |
|---|---|
| いません | 席をはずしております |
| そうですか | さようですか |
| おまちどうさま | 大変お待たせいたしました |
| 知りません | 存じません（物、場所）<br>存じ上げません（人） |
| こちらから行きます | こちらから参ります。<br>こちらからお伺いします |
| もう一度来て下さい | もう一度お越しいただけますでしょうか |
| あとで電話してください | 後程お電話をいただけますでしょうか |
| これでいいですか | こちらでよろしいでしょうか |
| 何か聞いていますか | 何か伺っておりますでしょうか |
| できません | いたしかねます |
| えっ?!　なんですか? | もう一度お願いいたします |
| （電話で）伝言を聞いておきましょうか? | よろしければご用件を承りますが |
| 山田さんなら私も知ってるわ | 山田様でしたら私も存じ上げております |
| （名刺を貰って）山本さんですね | 山本様でいらっしゃいますね |

## ◎会話はビジネス応対言葉が基本

ビジネスシーンでは普段づかいの言葉を、よりビジネスの状況に合わせた表現や言葉に言い換えて使います。これをビジネス応対言葉といいます。

日々の業務の中で意識して活用しましょう。

「そうですか」「どうしますか」などの表現は相手を受け入れる姿勢から発せられる言葉ですが、どことなくそっけなくて馴れ馴れしい印象です。

上司や取引先のお客さまに対しては「さようですか」「いかがいたしましょうか」にすると気持ちよく仕事をすすめることができます。

正しくていねいな言葉づかいで受け答えができると、相手からの信頼が深まります。基本の応対言葉をおさえて、一目置かれる存在を目指しましょう。

## 間違いやすい表現一覧

相手を敬う気持ちから、つい難しく考えてしまい不自然な敬語になってしまうケースは珍しくありません。間違いやすいパターンを理解し、相手に不快感を与えない言葉をマスターしましょう。

### ◎目上の方への敬語

・目上の人が目下に向かって用いる言葉。上司や社外の人には使いません。

×　お世話様です。

○　お世話になっております。

・目上の人から目下に使用するねぎらいの言葉。間違って上司に使うととても失礼なので要注意。

×　ご苦労さまです。

○　お疲れ様です。

## ◎尊敬語と謙譲語の混乱ミス

尊敬語と謙譲語を使い間違えるパターン。社外の人やお客さまには尊敬語を用います。謙譲語を使うのは間違い。お客さまのお名前を確認するときにおきやすいミスです。

× △△△様でございますね。
○ △△△様でいらっしゃいますね。

## ◎バイト敬語

コンビニエンスストアやファミリーレストランなどで働くアルバイトスタッフが発祥といわれる不自然な敬語表現です。幼く未熟な印象を与えるのでビジネスの場での使用を控えましょう。

「お名前をいただく」
×お名前さまを頂戴できますか。
×お名前をいただけますか。

○お名前をお教えいただけますか。
○お名前をお聞かせいただけますか。
名前はあげたり貰ったりするものではありません。失礼な表現なので注意しましょう。

「～のほう」
×会議室のほうはこちらです。
○こちらが会議室です。
「～ほう」は比較するものがあるときに使う言葉です。比べるものがないときにつける必要はありません。

「よろしかった」
×以上でよろしかったでしょうか。
○以上でよろしいでしょうか。
「～よろしかった」は過去形の表現。現在進行中の会話では「～よろしいでしょうか」が正解です。

「〜なります」

×こちら、コーヒーになります。

○こちら、コーヒーでございます。

×ご注文の商品になります。

○ご注文の商品です。

「〜になります」は「さなぎが蝶になる」など、変化を表すときに使う言葉です。

「〜から」

×1万円からお預かりします。

○1万円お預かりします。

「〜から」は必要のない言葉です。頻繁に耳にする間違い言葉です。

**◎二重敬語**

敬語がふたつ以上重なるのが二重敬語。ひとつの言葉にはひとつの敬語が原則です。

×拝見させていただきます。
○拝見します。
×部長がおっしゃられていました。
○部長がおっしゃっていました。

ワンランクアップ
アドバイス

**慎みたい学生言葉&バイト敬語**

「わたし的には……」「超」「マジ」「一応……」などの若い世代特有の言葉や、「てゆうかァ、この色って今、流行ってるじゃないですかァー」など、語尾をはねるいい方は、ビジネスシーンにはふさわしくありません。

また、「～円からお預かりします」「お会計のほう失礼します」「～するかたちになります」などのいいまわしは、間違った日本語の使い方です。聞き苦しい言葉だといえるでしょう。

正しい言葉づかいは、品格を感じさせます。言葉の間違いに気づき、普段から美しい言葉づかいを心がけることが大切です。

# いいにくいことを伝えるテクニック

## ◎ソフトな印象を与えるクッション言葉

何かをお願いするときや、相手の要望にそえず、断らなければならないときなどには、本題の前にクッション言葉をはさみましょう。**クッション言葉とは、依頼や質問、拒絶を示す言葉に添えるもので、とげとげしさをやわらげ、相手に対する誠意を表す〝言葉の座布団〟です。**

［お願いするとき］
◆恐れ入りますが
◆申し訳ございませんが
◆お手数をおかけいたしますが
◆さしつかえなければ　など

［尋ねるとき］

◆失礼ではございますが
◆恐れ入りますが　など
［相手の意に反するとき］
◆あいにくではございますが
◆せっかくではございますが
◆ご迷惑をおかけいたしますが
◆申し訳ございませんが　など

**◎決定は相手にゆだねる依頼法**

相手に対して要望がある場合は、依頼をするというスタンスで声をかけるのがポイントです。

「お越しください」「お試しください」など、語尾が「～ください」という命令口調では相手に不快感を与えかねません。「～くださいませ」という表現もていねいですが、相手に判断をゆだねる「～いただけますでしょうか」にすると、謙虚な姿勢で要望を伝えることができ、なごやかな雰囲気のままコミュニケーションを続けられます。

## ◎肯定法で前向きな会話

否定的な言い回しだとコミュニケーションが行き止まりになってしまいます。できるだけ肯定的な表現を使って前向きな会話を心がけると相手にも納得してもらいやすくなります。

たとえば「できません」「わかりません」「知りません」などの否定的な表現は「いたしかねます」「わかりかねます」「存じかねます」などの肯定的な表現にいいかえることができます。

さらに代案をプラスして提案したり、その後の対応をお伝えすることで相手に安心していただけます。

[肯定的な表現の例]

◆申し訳ございませんが、いたしかねます。〇〇〇〇〇〇〇（可能な範囲での提案）なら可能なのですが、いかがいたしましょうか？

◆申し訳ございませんが、私ではわかりかねます。すぐにお調べしてまいりますので、少々お待ちいただけますでしょうか。

## ◎あとよし言葉でコミュニケーション

人はあとに聞いた言葉のほうが記憶に残るため、短所は先に、長所は後で伝える、「あとよし言葉」を上手に活用しましょう。

「こちらのプランですと効果は期待できますが、値段が高いです」
↓「こちらのプランですと値段はお高いですが、効果は期待できます」

ワンランクアップアドバイス

### 言葉づかいにもミラーリング

ビジネスシーンでは、敬語を使ったていねいな言葉づかいをすることは基本です。しかし、気さくな相手に対して、かしこまった口調ばかりで接していては、距離感を感じさせてしまうこともあります。

相手に自社の商品やサービスを身近に感じていただくことが、商談を成功に導く鍵です。表情のミラーリング（↓77ページ）と同様に、言葉づかいも、基本の敬語をふまえたうえで、相手の雰囲気にあわせて、フランクな方には、少しくだけた雰囲気を演出するのもテクニックです。

## 敬語のマナーのまとめ

- ●敬語は「習うより慣れろ」が基本。定型の使い方を、マスターすれば怖くない
- ●相手が主語の場合は、尊敬語。自分や身内が主語の場合は謙譲語
- ●ビジネスシーンの応対言葉は多くない。多用することで、自然に身につく
- ●クッション言葉や肯定的な表現で、印象をコントロール

# 第5章
# 人柄が表れる立ち居振る舞いと時間のマナー

# 常に〝見られている〟意識を

立ち居振舞いからは、その人の感情や仕事に対する姿勢など、さまざまなメッセージを読み取ることができます。たとえば、ていねいなしぐさからは誠実な印象を、乱雑なしぐさや大ざっぱな動作からはがさつな印象を受けるものです。

**立ち居振舞いは、その人の人柄を感じさせます。**お客さまや上司、同僚など、常に周囲へ与える印象を考えて行動することが大切です。

ちょっとしたしぐさにも、神経を行きわたらせることで、相手を大切にする気持ちを伝えられるようになるでしょう。

上品な立ち居振舞いを身につけるポイントは、常に〝見られている〞という意識を持つことです。周囲の人の視線を感じることで、乱雑な動作やいい加減な行動をしにくくなります。日ごろから、自分の振舞いが周囲の人にどう見られているかということに気をつかうことで、次第にていねいな立ち居振舞いが身につくようになります。

## ビジネスシーンでの立ち居振る舞い

### ◎周囲を思いやるていねいなしぐさ

ビジネスシーンでは、効率のよい動作が大切です。しかし、効率よく動こうとするあまり、ちょっとしたしぐさが乱雑になってしまっては、印象がだいなしになってしまいます。**てきぱきと動作を行なう中にも、周りの人を思いやる気持ちをこめて振る舞うことが必要です。**

一つひとつの所作に心を添えて、なめらかでていねいな振る舞いをめざしましょう。

［指先をそろえる］

物や方向を指し示すときの指先は、そろえるのが基本。特に、親指を寝かせるように意識します。そろえた指をピンと張るのではなく、少し内側に丸めるようにするとやわらかい印象になります。

［握手をするように差し出す］

　何かを取ろうとしたとき、手の甲が真上になってはいませんか？　手を伸ばすときの形は、握手をするように差し出すのがていねい。小指から物に触れるように意識するのがポイントです。

　このときも、指先が開ききっていないように気をつけ、親指と人差し指以外をやや丸めるようにすると、しなやかな印象になります。細い物や小さい物は、親指と人差し指で支えるように持ちます。

［ひざを折って拾う］

　落ちているものを拾うときには、体の正面で取り上げるより、側面から手を伸ばすほうが、エレガントな印象です。拾うものに近いほうのひざを下げ、静かに

しゃがんで取り上げます。

［書類は体の前で持つ］

書類を片手で持ち、ブラブラと振るように歩いていると、ぞんざいな印象を与えてしまいます。もう片方の手を添えることはもちろん、体の前に持つほうが好印象です。

## 社内で気をつけたいNGな立ち居振る舞い

なにげない振る舞いから、相手はさまざまなメッセージを読み取ります。悪気がなかったとしても、無神経な振る舞いをしてしまうことで、悪いイメージをもたれないともかぎらないのです。誤解を防ぐためにも、〝いつも見られている〟という意識を持って、仕事に取り組みましょう。

【音を立てない】

物を置くとき、「バン！」と大きな音を立てられたら、あなたはどのように感じますか？　決して気分はよくないでしょう。感情にまかせてパソコンのキーボードを叩いたり、バタバタと音を立てて歩くことも、周りの人にとっては不快です。

〝周囲に気づかいができない人〟〝自己中心的〟という印象を与えてしまいます。

【落ち着きのない行動をしない】

「なくて七癖」で、貧乏ゆすりやペン回しなど、知らず知らずのうちにやってしまうのが癖です。無意識で行なっている癖が、周りの人に不快感を与えてしまう場合があります。〝落ち着きのない人〟という印象をもたれかねないので、注意しましょう。

［長時間のおしゃべり］

業務時間内にトイレや給湯室などで長時間の立ち話はしないようにしましょう。話が盛り上がって、自分では気がつかないうちについ大声になってしまうことがあります。次に使いたい人の迷惑にもなるため気をつけましょう。

そもそも職場は仕事をする場所。業務に支障がないよう私語はほどほどに。

［何度も喫煙に立つ］

仕事中にもかかわらず何度も喫煙に席を立つのは考えものです。集中力がないように見え仕事に対する姿勢に疑問を感じます。スーツにタバコ臭が付き、周囲の迷惑にもなりかねません。

［髪の毛にさわる］

女性が気をつけたいのが髪を触る癖です。「退屈そう」「会話に集中力していない」といった印象を相手に与えてしまいマイナスです。身だしなみの面でも長い髪は結んでおきましょう。

男性の場合、髭やもみ上げを触るのも要注意です。

［あくびをする］

生理現象とはいえ気をつけたいのがあくびです。「やる気がなさそう」に見えてかなり不真面目な印象に写ります。また、寝不足で自己管理が出来ていないようにも受けとめられかねません。

できるだけ噛み殺すようにするか、それでも我慢ができないときは手で覆い隠すようにしましょう。眠気覚ましに首や肩のストレッチをするのもひとつです。

［飲み会での振る舞い］

歓送迎会や新年会、忘年会、また上司からのお誘いで社内の人とお酒を飲む機会は少なくありません。飲食の席は強制参加ではありませんが、自分を知ってもらい、社員同士の結束を高めるためにも可能な限り参加しましょう。ただし、気をつけたいのはその飲み方。

お酌や乾杯、席次のルールを意識することはもちろんですが、難しいのは話題選び。飲みすぎて、つい仕事の愚痴や不満を言ってしまうとマイナスなイメージになります。仕事に関する話題はポジティブな話題にとどめ、誰もが酒宴を楽しむことができる話題を心がけましょう。

## 社外で気をつけたいNGな立ち居振る舞い

電車やエレベーターなど、公共の場所でも社会人としての振る舞いが求められます。

あなたは常に会社の看板を背負っています。あなたの印象が悪ければ会社のイメージや信用に傷をつけることになります。あなたはビジネスパーソンである以前に社会で生きる大人です。少しでも恥ずかしいと思う表情・行動・態度は慎みましょう。

［電車の中でお化粧をする］

電車の中は公共の場。身繕いであるお化粧をするということは電車の中で着替えているようなもので、見ている側は目のやり場に困ります。化粧室ならともかく、様々な人が見ている場所でするということは、「人からどう見られようと構わない」という無関心の現れ。会社のイメージを損なう非常識な行動です。

［優先席に座る］

電車の優先席はそれを必要としている人のためのものです。ビジネススーツを着て優先席に座っている姿は好ましいものではありません。基本は座らずにおきましょう。

［歩きながらの喫煙］

公共の場はみんなのものです。タバコの臭いや煙がすれ違う人や、前後にいる人に不快感を与えます。また手に持ったタバコが人に接触する可能性もあって危険です。

# 時間管理はきちんと出来て当たり前

## ◎時間を守れないことは不信を生む

**時間厳守はビジネスにおいて最重要ルールのひとつです。** わずかな遅刻も許されないのがビジネスの世界。緊張感と責任感を持って行動しましょう。

また時間に余裕を持って行動することでトラブルやミスを回避することができ仕事の成果に繋がります。

## ◎会社内での時間のマナー

[始業時のマナー]
始業時間は仕事を始める時間のこと。会社に着く時間ではありません。10分前には着席し、いつでも仕事が始められるように準備しましょう。
[終業時のマナー]
規定の定時になり、自分の仕事が終わったからといって黙って帰るのは好まし

くありません。周囲の先輩や同僚に目を配り、手伝えることがあれば積極的に声をかけましょう。

### ◎遅刻をしてしまった時には

**遅刻は自分の評価を下げるだけでなく、会社や共に働く先輩や同僚に迷惑をかけることになります。**

体調不良や電車の遅延、寝坊など出社時間に間に合わせないことがわかったら速やかに会社に電話をします。電話では遅刻の理由と、到着予定時刻を伝えます。

たとえ理由が寝坊であっても正直に伝えましょう。謝罪も忘れずに。また電車の遅延では遅延証明証をもらっておくことで、遅刻扱いが取り消されることがあります。

### ◎体調不良の時には

日頃から体調管理に気をつけることはもちろんですが、不調を感じたら早めに周囲に伝えましょう。

出勤前に不調を感じた時は速やかに会社に連絡をします。その日の会議やアポイントメント等の予定を伝え、引き継いでもらえるようにお願いしましょう。

早急に医療機関の診察を受け、診断結果と復帰の予定を電話で報告します。必要であれば診断書をもらっておきます。

復帰後は仕事のカバーをしてくれた先輩や同僚にお詫びとお礼の言葉を忘れずに。

## 立ち居振る舞いと時間のマナーのまとめ

- 言葉でつくろっても、しぐさに人柄が表れる。常に見られている意識を大切に
- お客さまと接するときには、おもてなしの心が表れるしぐさを心掛けよう
- 会社の仕事はチームプレー。時間を守らないことは他の人にも迷惑に

メモ

# 第6章 会いたいと感じさせる電話応対

# 電話は声が第一印象の窓口

**言葉だけで印象が決まってしまうのが、電話応対です。**マニュアルどおりの応対だけでは、相手によい印象を残すことができません。目の前でお客さまに会って応対するとき以上に、細やかな気くばりを心がけましょう。

姿が見えないからといって、だらしない姿勢で電話に向かっていると、だらけた雰囲気が声に反映し、相手に伝わってしまいます。電話は、声と言葉づかいだけが頼りです。正しい姿勢を意識して、ていねいな言葉づかいで応対をすることが不可欠です。

電話には即答性があり、緊急の場合に欠かせない便利なツールですが、相手の時間に関係なくつながってしまうというデメリッ

トもあります。**自分からかける場合には、相手の都合に十分配慮することが求められます。**さらに、記録性に乏しい点も、電話のデメリットです。話の要点を復唱するなど、正確な応対が必要です。

声は、気持ちがこもってこそ届きます。電話を切ったあと、相手に「この人に会いたいな」と感じさせるような、感じのよい応対を身につけましょう。

## 電話応対の4つのポイント

電話では「迅速」「ていねい」「正確」「明るく」の4つを心得て、感じのよい応対を行ないましょう。

**ポイント1◆迅速**

電話は、ベルが鳴ったら3コールまでに出るのが基本です。電話は有料、時間は有限です。こちらからかける場合、あらかじめ用件を整理しておき、無駄な通話をしないようにします。

**ポイント2◆ていねい**

ていねいな言葉づかいで話すことが大切です。相手と面と向かって接しているときと同じような気持ちで応対しましょう。

**ポイント3◆正確**

人間の記憶は11~12秒で薄れるといわれています。電話中は覚えていても、改めて誰かに伝えようとしたときに、忘れている可能性があります。**聞き間違いを**

**防ぐためにも、要点をメモしたら復唱することが大切です。**復唱することで、話の内容が正確に伝わったことを相手に知らせ、安心感を与えることもできます。

ポイント4◆明るく

電話で相手へ与える印象は、第一声で決まります。明るい声のトーンを意識しましょう。

## 電話応対の基本　①電話を受ける

電話応対は慣れることが肝心です。ベルが鳴ったら積極的に電話に出て、スマートな応対の仕方を身につけていきましょう。

### ◎電話を受けるときの手順

**①ベルが鳴ったら、３コール以内に出る。「もしもし」で受けない。**

電話に出るときには、

「はい。□□□会社でございます」
「お電話ありがとうございます。○○○商事でございます」

などと受けるのが基本です。ビジネスシーンでは基本的に「もしもし」は使いません。電話を受けた時間帯が午前11時までなら「おはようございます」、３コール以上ベルが鳴った場合は「お待たせいたしました」など、第一声を変えることもあります。

**②相手の名前を確認する**

「○○会社の□□さまでいらっしゃいますね。いつもお世話になっております」

③自分宛の場合は、自分の名前を名乗り、用件をうかがう。
④自分宛でなかったら、名指し人に取り次ぐ。

### ◎ケース別電話の受け方

#### CASE1　相手が名乗らないとき

電話をかけてきた相手の名前を確認することは、名指し人に取り次いだり、用件を正確に聴き取るために必要不可欠です。もし、相手が名乗らない場合は、礼を失しないように配慮しながら、ていねいにうかがいます。

「失礼ですが、お名前をお聞かせいただけませんでしょうか」
「恐れ入ります、○○社のどちらさまでいらっしゃいますか」

#### CASE2　相手の名前が聞き取れなかったとき

まずは聞き取れなかったことへのお詫びをし、再度うかがいます。

「申し訳ございません、もう一度お願いできますでしょうか」
「恐れ入りますが、お名前をもう一度お聞かせいただけますでしょうか」

**CASE3　相手の声が聞き取りにくいとき**

相手に原因があるという印象を与えないよう電話の不具合のせいにします。

「恐れ入ります、お電話が少し遠いようでございますが……」

騒音が入るなどして、どうしても聞き取れない場合は、「雑音がございますので……」などと理由を伝えて「いったん切らせていただき、こちらからかけなおします」などと伝えます。

**CASE4　間違い電話を受けたとき**

間違ってかかってきた電話だからといって、ぞんざいな受け答えをするのはNGです。自分の会社をアピールするつもりで、ていねいに応対しましょう。

「こちらは□□会社ですが、お問違えではございませんでしょうか」

「こちらは□□会社と申しますが、何番へおかけでしょうか」

## CASE5　道案内をするとき

わかりやすい道案内のポイントは、最初にスタート地点から見て、目的地がどちらの方向の何分のところにあるかを示すことです。

次に、案内する側とされる側の双方の視点と方向を揃えます。所々に目印となるものを伝えると良いでしょう。


「弊社は、駅から西の方向に徒歩10分程度のところにございます」

「2番改札口を出られたら、線路沿いの国道を左、西の方向にお進みください。線路を左に見ながらまっすぐです」

「○○銀行の左隣に弊社がございます」

「途中でおわかりにならないようでしたら、もう一度お電話いただけますでしょうか」

## 電話応対の基本　②電話を取り次ぐ

### ◎在席している人に取り次ぐときの手順

名指し人が、在席している場合は、すみやかに取り次ぎます。

①名指し人を確認する

「□□課の△△でございますね。少々お待ちくださいませ」

②保留ボタンを押す

③取り次ぐ

「△△さん、〇〇会社の××さまから〇番（内線番号）にお電話です」

### ◎名指し人が不在の場合のときの手順

①不在の旨を伝える

不在の理由を詳しく説明する必要はありません。

「あいにく只今外出しております」と伝えます。

**②相手の意向を伺う**

名指し人が戻る日時を告げ、相手の意向を伺います。

「いかがいたしましょうか」
「こちらからおかけ直しいたしましょうか」
「差し支えなければ、ご用件を承りますが」

**③メモにまとめる**

電話の内容は、伝言メモにまとめて伝えます。
記載すべきことは、

- **◆名指し人の氏名**
- **◆相手の会社名、部署名、氏名**
- **◆電話があった日時**
- **◆用件（要点をまとめて）**
- **◆相手の意向（かけ直す必要があるのかどうか、など）**
- **◆相手の連絡先（電話番号など）**

◆自分（電話を受けた人）の氏名

読みやすいように簡潔な文章で書きとめます。

伝言メモに書いたからと安心せずに、名指し人が席に戻ったら、電話があった旨を口頭でも伝えるようにするとなお確実です。

## ◎ケース別電話の取り次ぎ方

### CASE1　名指し人が出張中のとき

名指し人が戻る日時を伝えて、相手の意向をうかがいます。緊急の場合は、名指し人の携帯電話に連絡をとりますが、携帯電話の番号や出張先は、勝手な判断で教えないほうが無難です。

「あいにく○○は出張中でございます。□日には戻る予定ですが、いかがいたしましょうか」

「あいにく○○は終日外出しております。お急ぎでしたら、○○からお電話をさしあげるようにいたしますが、いかがいたしましょうか」

## CASE2　名指し人が会議中のとき

会議中の場合は、あとで折り返す旨を伝えます。相手が急いでいる場合は、メモに用件をまとめて、緊急の電話が入っていることを名指し人に伝えます。


「○○はただいま席をはずしております。□時には戻る予定ですので、折り返しお電話させていただいてもよろしいでしょうか」

「○○は席をはずしております。お急ぎのご用件でしょうか」

※会議を優先したと思われるといけないので、「席をはずしております」と伝えるほうがスマート。

## CASE3　相手の電話番号を尋ねるとき

電話のかけ直しを依頼された場合は、相手の電話番号を確認します。うかがった番号は必ず復唱して確かめましょう。

「1《イチ》」と聞き間違いやすい「7《シチ》」のような数字は、「ナナ」などと発音し、正確に記録することが必要です。

「念のため、△△さまのお電話番号をお聞かせいただいてもよろしいでしょうか」
「○○はお電話番号を存じていると思いますが、念のためお聞かせいただけますでしょうか」

ワンランクアップアドバイス

**会いたくなる電話の4つのポイント**

用件がすんで電話を切ったあと、お客さまに「この人に会ってみたいな」と思わせる電話応対のポイントは、次の4つです。
1、明るい声で話す……笑顔で話せば、自然と声も明るいトーンに。
2、正しい姿勢で応対する……態度は相手に伝わることを心得て。
3、相手の気持ちになって会話する……わかりやすいように、親切に。
4、感謝の気持ちで切る……最後まで、おもてなしの心を忘れずに。
4つのポイントを心得て、ワンランク上の電話応対を！

# 電話応対の基本　③電話をかける

## ◎電話をかける前の準備

電話は、受け手を拘束します。無駄な時間を奪ってしまわないように、かける前にはきちんと準備を整えることが基本です。

◆相手の状況をわきまえる（早朝、特に月曜の朝や、休憩しているであろう時間帯は、緊急のとき以外は避ける）。
◆態勢を整える（事前に用件をまとめ、必要な書類を手もとにそろえておく）。
◆必要であれば、ファックスやメールを併用する。

## ◎電話をかけるときのポイント

**電話をかけるときには、相手の都合に配慮することが大切です。**一方的に用件を話そうとするのではなく、相手の時間や理解度を考えながら、わかりやすく簡潔に伝えます。

### ◎電話をかけるときの手順

①社名と氏名を名乗る

「いつもお世話になっております。□□□社の○○と申します」

②相手の部署名と氏名を告げる

「恐れ入ります、△△課の××さまはいらっしゃいますでしょうか」

③相手が出たら改めて名乗る

「いつもお世話になっております。□□□□社の○○と申します」

④用件を話す（5W3Hを意識）

用件を切り出す前に、

「いまお話してもよろしいでしょうか」

「少し長くなりそうなのですが、お時間よろしいでしょうか」

などと、相手の都合を尋ねること。

用件は簡潔にまとめ、結論から先に話すことが原則です。聞き取りやすいように、はきはきと滑舌よく発音しましょう。

⑤電話を切る

電話はかけたほうから切るのが基本。用件がすみ、最後の挨拶を終えたら3秒おいてから切るようにしましょう。

相手に「ガチャン！」と聞こえないように指でフックをおさえてから受話器を置きます。相手が取引先の場合、相手が切ってから受話器をおく場合もあります。

## ◎相手が不在のときには

会社に戻る時間を確認して、対応を伝えます。

[改めてかけ直す場合]

「それでは、○時ごろに改めてこちらからご連絡させていただきます。電話があったことだけお伝えいただけますでしょうか」

[伝言を依頼する場合]

「恐れ入りますが、お言づけをお願いしてもよろしいでしょうか」

「恐れ入りますが、お伝えいただきたいことがございます」

[折り返してもらう場合]

「恐れ入りますが、お帰りになりましたら、お電話をいただけませんでしょうか」

「恐れ入りますが、お戻りになりましたら、私○○までお電話をいただけますでしょうか」

【相手に連絡をとってもらう場合】

「恐縮ですが、緊急の用件ですので、□□さまにご連絡をおとりいただけませんでしょうか」

伝言や折り返しなどをお願いしたときには、

「お手数をおかけしますが、よろしくお願いいたします」

のひと言を忘れずに。

## 携帯電話、スマートフォンのマナー

担当者とすぐに連絡がとれて、取り次ぎの手間や時間のロスがない携帯電話はビジネスツールとして必須のアイテムです。会社で支給されることも珍しくありません。

しかしながら、ビジネス上の連絡は固定電話同士でのやりとりが基本です。携帯電話、スマートフォンは緊急用の位置づけと理解しましょう。

### ◎ビジネス携帯活用の7か条

**①かける時間に注意**

携帯電話の強みはいつでも気軽にかけられること。

しかし早朝や深夜の電話は相手の迷惑になりかねません。都合のよさそうな時間を見計らいましょう。

**②相手の都合をうかがう**

相手は会議中や移動中かもしれません。

一方的に話し始めるのではなく、まず「只今、お話ししてもよろしいでしょうか？」と相手の都合を伺いましょう。

**③通話は静かな場所で**

駅のホームや騒音の激しい場所では双方の声が聞き取りにくく、相手に不快感を与えることがあります。

静かな場所での通話をこころがけましょう。

**④機密事項に気をつける**

人混みでの通話では会社の情報や、顧客情報に関する話題は厳禁です。大切な情報が第三者に聞かれてしまうことがないよう話す場所や声の大きさに注意しましょう。

**⑤打ち合わせ中はマナーモード**

会議中や打ち合わせ中は出ないのが原則。緊急で出る場合は席を外すようにしましょう。

事前に電話があることが判っている場合は上司に許可をもらっておくと良いでしょう。

⑥携帯電話を時計代わりにしない

ビジネスパーソンは腕時計で時間を確認するのが当たり前。時間を見ようとしただけでも相手には話し中に携帯をチェックしていると思われて信用を失います。

⑦ポップな着信音はＮＧ

着信音はビジネスの場面に相応しいシンプルで控えめなものにしましょう。気が付きやすいようにアニメソングにするなどは論外です。

## 電話応対のまとめ

- 「迅速」「ていねい」「正確」「明るく」を心掛ける
- いろいろなケースの電話対応でも、慌てずに落ち着いて
- 不在だった人に伝言をする際は、7つの記載事項を正確に伝えよう

# 第7章 会社での基本、「報・連・相」

# 存在感のあるプロを目指そう

社会人になると、一日の大半を職場で過ごします。目標を持って、楽しく働くことができたら、毎日が充実したものになります。

楽しく働くためには、与えられた仕事をこなしてさえいればよい、というわけではありません。**自分で気づき、考え、行動して、成果を高めていくことで、達成感や仕事に対する喜びを感じられるようになります。**

「言われたことをやる」ことは誰にでもできます。今の時代、ロボットの方が優秀かもしれません。

あなたに期待されていることは、「全部言われなくても、気づいてやる」という気づきと行動力です。

一歩先を読んで、仕事を重ねることで、いつしかその仕事ぶりが評価されるようになり、プロとしての存在感を周りの人が感じてくれるようになります。やりがいや手応えを感じ、スキルアップにもつながります。

いち早く、可愛がられ、仕事を任せてもらえる存在感のあるプロを目指して仕事に取り組みましょう。

## 組織の一員としての心がまえ

共通の目的のために、社員が一丸となって、目標の達成をめざす場が会社です。少人数で立ち上げた会社でも、事業が拡大するにつれて、さまざまな部署ができていきます。

部署間の連携がうまく取れていないと、作業効率やサービスの質の低下の原因になりかねません。

社員全員が共通の目的に向かって進んでいくために掲げられているのが、会社の方針や方向性を明文化した「企業理念」です。

一人ひとりが企業理念をよく理解し、それぞれの役割を果たしていくことが大切だといえます。

### ◎各自の任務を遂行し、協力するのが会社

社員には、それぞれに与えられた任務があります。一人ひとりが自分の責任や業務、役割を正確に理解し、周りの人と協調して業務を進めることが不可欠で

す。

割り当てられた業務をおろそかにしたり、余裕があるからといって、違う部署の仕事を手伝うなどということは、組織の中ではありえないことです。

たとえば、営業を担当しているあなたが、外回りの仕事を終えて、時間があるからといって経理の業務を手伝ったとしたら、どうなるでしょうか。これまで決められていた作業の流れが混乱したり、ミスがあった場合の責任の所在があいまいになるなど、さまざまなリスクが発生します。

チームワークは、各チーム（部署、階層）で行なうのが基本。他部署の作業を手伝おうとすると、かえって業務の妨げになる可能性もあります。

**自分の任務を目標に向かって進めていくことが、会社組織の中でのあなたの役割であることを自覚しましょう。**

社員一人ひとりの任務は違っても、それぞれが責任を持って仕事を遂行し、チームで協力しあうことで、会社が掲げている共通の目的、目標の達成を実現していくことができるのです。

# 仕事の進め方

## ◎優先順位を考える

複数の仕事を担当する場合は、その案件の緊急度と重要度の度あいで、進め方を考えるようにします。

会社に入社してすぐのころは、同時に担当する仕事は少ないでしょうが、経験を積み、スキルアップしていくにつれて、一度に任される仕事が増えていきます。そこで重要になるのが仕事の優先順位。正しい順序で取り組めば、効率よくスムーズに作業を進めることができます。

業務に慣れてくると、一日のうちにたくさんの仕事をしなければならない場面があります。そのとき、**優先順位を間違えると、仕事がうまく進まず、周りの人に迷惑をかけます**。それがひいては会社の信用に関わり、クレームの原因になってしまいます。

優先順位は、その案件の緊急度と重要度で判断します。どのくらい急ぐのか、

**優先順位の考え方**

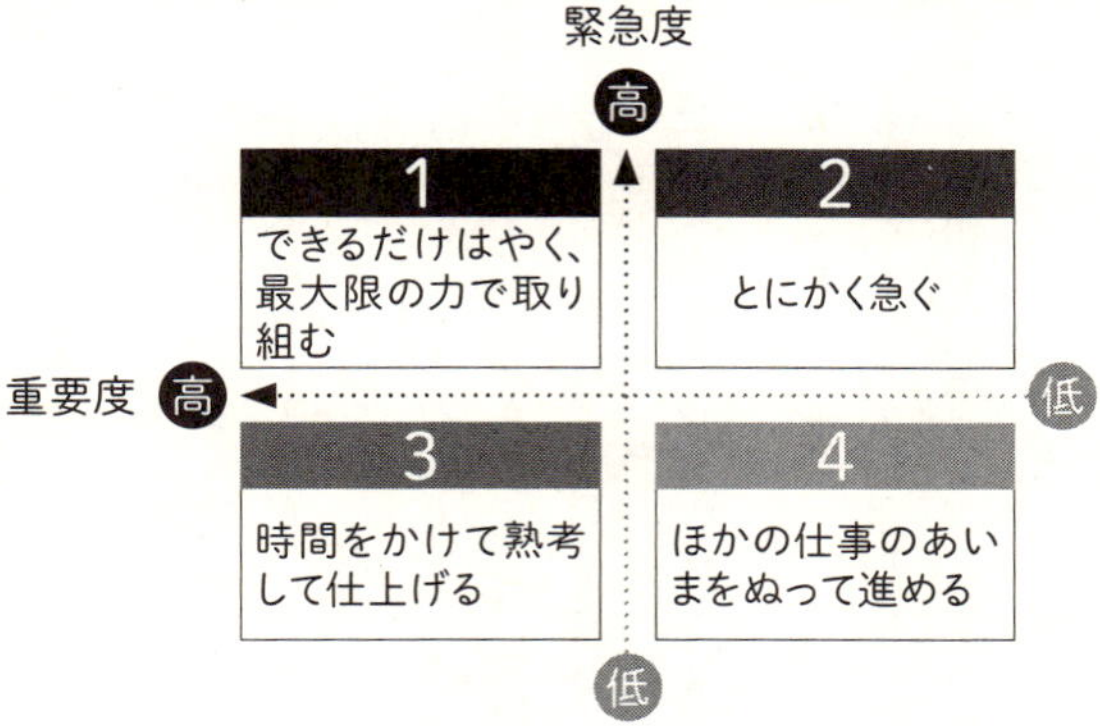
緊急度
高
1
できるだけはやく、最大限の力で取り組む
2
とにかく急ぐ
重要度
高
低
3
時間をかけて熟考して仕上げる
4
ほかの仕事のあいまをぬって進める
低

どのようなものが求められているのかなど、いろいろな視点から考え、仕事の段取りを進めましょう。

## ◎基本はPDCAの積み重ね

仕事の進め方のポイントは、P、D、C、Aの4つのステップをくり返し、積み上げていくことです。

[ステップ1]P……Plan（計画）

目標を決め、達成するまでの計画を立てます。これまでの経験や実績、予測などをふまえながら、目標達成までの道筋を考えましょう。

[ステップ2]D……Do（実施）

ステップ1で立てた計画にそって、実務を行ないます。

［ステップ3］Ｃ……Check（点検）

計画どおりに実務が進んでいるか、予定どおりの成果が上がっているかなどを確認します。

［ステップ4］Ａ……Act（改善）

ステップ3で確認した結果、計画どおりに進んでいないところを修正・改善し、必要があれば計画を練り直します。

1つのプロジェクトに取り組むとき、最終目標へ到達するまでに、何度もＰＤＣＡをくり返す必要があります。仕事は毎日の努力の積み重ねです。基本的な仕事の進め方を身につけて、目標達成をめざしましょう。

## ◎報・連・相（ホウレンソウ）が仕事のカギ

報・連・相（ホウレンソウ）とは、報告・連絡・相談のことです。上手に報連相を行なうことで、ミスを回避し、確実に仕事をすすめることができます。

情報共有は組織に属する者としての基本中の基本です。特に、新人のうちはささいなことでも報・連・相を心掛けましょう。

［報告］

上司からの指示に対して、部下がその業務の結果や経緯を知らせること。

［連絡］

業務上の共有すべき情報を関係者に伝えること。

［相談］

個人では判断が難しいときなど、上司や先輩、同僚にアドバイスをもらうこと。

［報・連・相のポイント］

◆結論から話す。

◆５Ｗ３Ｈ（２２３ページ）をふまえて具体的に。（When／いつ、Where／どこで、Who／だれが、What／何を、Why／なぜ、How／どのように、How much／いくらで、How many／どのくらい）

◆事実と自分の推測・意見とを区別する。

◆仕事が長引くようなら、途中経過を報告する。

◆悪い情報ほど早く。

行きづまったときや迷ったときに、勝手な判断で進めてから報告するのでは遅い場合があります。こまめに報連相を行なうことが大切です。ただし、何もかもを相談していると、自分の成長につながりにくいともいえます。自分なりに熟考して、チャレンジしてみることも重要です。

## ◎指示の受け方

仕事は上司からの指示で始まり、報告で終わります。指示の内容を正確につかむために、次のように指示を受けましょう。

①名前を呼ばれたらすぐに顔と体を向けて返事をする
↓返事は「ハイ」と明瞭に。
②メモ用紙を持ってすぐに上司のところへ行く
↓立ち上がったら椅子を机に入れて上司の元に向かいます。顔が見える位置に立ち、「お呼びでしょうか」と声をかけます。
③上司の指示を正確にメモする
↓話を聞き逃さないように要点のみを記録します。
④質問や確認は上司の指示が終わってから聞く。途中での質問はNG
↓指示が終わったら「お尋ねしてもよろしいでしょうか」と不明点を確認しま

す。
⑤メモした内容を読みながら指示の内容を復唱して確認する
↓「復唱します……」と5W3Hで復唱します。
⑥「かしこまりました（承知しました）。失礼いたします。」と言って席に戻る
↓上司に対して「わかりました」の言葉遣いはNGです。

## ◎報告の仕方

指示された仕事が終わっても、報告するまでは仕事が終わったことにはなりません。ビジネスにおいて、報告は義務です。上司に報告をする際は、次の点に注

意しましょう。

①指示・命令をした上司に直接報告する

②仕事が終わったらすぐに報告する

↓ミスや失敗、悪いことこそ早めに報告。仕事が長期化しそうな時は、中間報告を行いましょう。

③報告事項はメモしておく

④上司の都合を聞いてから報告する

↓「○○についてご報告をしたいのですが、只今、お時間はよろしいでしょうか」と都合を伺います。

⑤メモを見ながら簡潔に報告する

⑥結論から先に報告し、次にそうなった経緯や理由を説明する

↓「結論から申しますと……」「その経緯としましては……」の順番で報告します。

⑦意見・推測と混同せずに、事実を正確に報告する

⑧複雑な内容は資料や図表を添付する

# ビジネスに必要なスキルを身につけよう

## ◎基本は３つのスキル

プロとして仕事を進めていくために必要なスキルは、

- **◆ヒューマンスキル**
- **◆テクニカルスキル**
- **◆コンセプチュアルスキル**

の３つに大きく分けられます。

［ヒューマンスキル］

ビジネスシーンに必要不可欠な「対人能力」のことです。

どんなに知識や経験が豊富でも、コミュニケーション力が乏しいと、自社の製品やサービスの魅力や価値を十分に伝えることができないからです。

ヒューマンスキルは、マナーやルールを身につけることから始まります。さま

**三つのスキルのバランス**

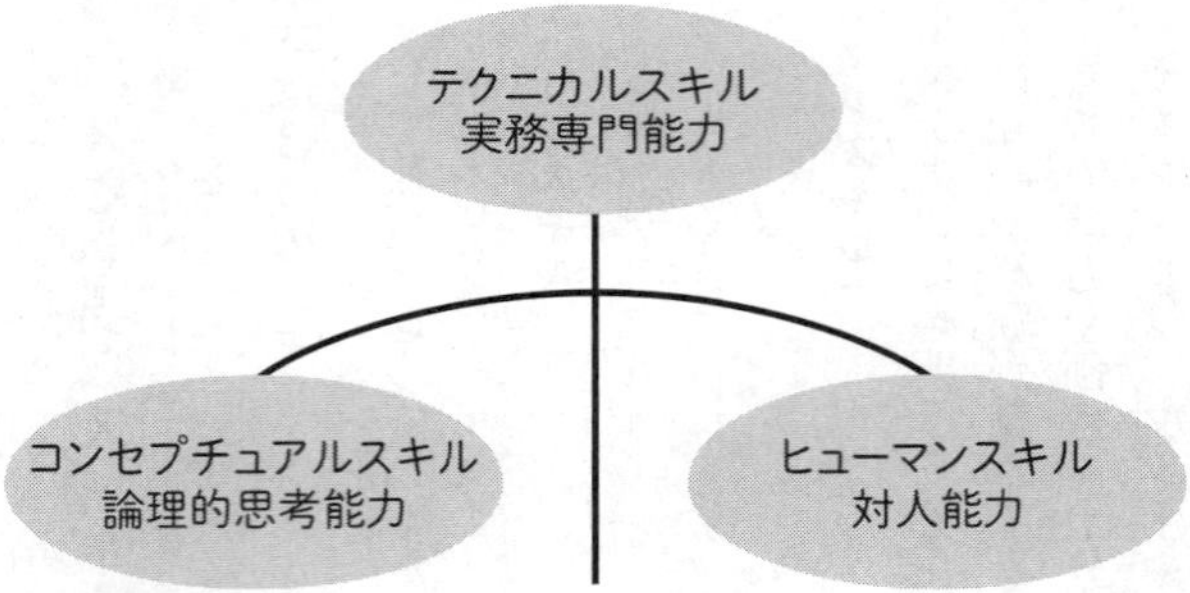


ざまな世代のお客さまの応対をするということを念頭に置いて、わきまえておくべきマナーやルールを学びましょう。

[テクニカルスキル]

「実務専門能力」といいかえることができます。

　市場経済が目まぐるしい変化を遂げている中で、専門的な知識や技術なしには、高い成果は期待できません。競争の中を生き残っていくためにも、専門的な能力は不可欠です。

　テクニカルスキルを身につけるためには、常に向上心を持ち、その道のプロをめざして努力を続けることが求められます。資格試験などにチャレンジして、テクニカルスキルを磨きましょう。

［コンセプチュアルスキル］

仕事を進めていく中で発生する課題や問題を解決するための「論理的思考能力」が、コンセプチュアルスキルです。

目標達成までの道のりには、たくさんのハードルがあります。それらを一つひとつクリアしていくためには、論理的な考え方が必要になります。また、経験を積むにつれ、自分でテーマを見つけて解決していくことも大切です。

コンセプチュアルスキルを身につけるポイントは、プレゼンテーションなどの実践を通して、論理的な考え方やアピールの仕方を学ぶことです。何に対しても「自分でテーマを見つけて解決する」ということを習慣づけて、論理的思考能力を高めていきましょう。

## ◎3つをバランスよく身につけることが大切

基本の３つのスキルは、バランスよく習得することで大きな成果を発揮します。

たとえば、ヒューマンスキルが備わっていなければ、テクニカルスキルやコンセプチュアルスキルを十分に活かすことはできません。ほかのスキルも同じように、どれか一つが欠けていると、それ以外の能力を十分に発揮することがむずかしくなります。

　また、部署や業務の内容によって必要なスキルが変わるというものでもありません。どの部署のどの階層の人も、一人ひとりがそれぞれ3つのスキルをバランスよく身につけることが大切です。

**「報・連・相」のまとめ**

- 「報・連・相」は義務。悪いことほど早めに
- 複数の仕事を与えられたら、優先順位を考えて着手。PDCAも忘れずに
- 仕事の報告はまず結論から。次にその経緯と説明の流れで
- 対人能力、実務専門能力を身につけて、論理的思考で問題解決を

# 第8章　クレーム対応力を高める

## クレームはステップアップのチャンス

お客さまがサービスや商品を求められたとき、

**◆本来は受けるべき一定のサービスを受けられなかった場合**

**◆当該の商品に対して満足できなかった場合**

にはクレームが発生します。

クレームが起きたときに大事なのは、最初の対応です。対応が悪いと、お客さまの怒りがさらに倍増しかねない半面、きちんと対応できれば、お客さまの怒りは満足に代わり、自社（自店）のファンになってもらえる可能性もあります。

お客さまは、わざわざ〝口うるさいお客〟になりたいとは思っていません。意図的なクレーマーでないかぎり、クレームをいう

のは、それなりのパワーが必要で、いわずにはいれないから、多少なりとも勇気を持って、クレームという形で、怒りや意見を伝えてくれているのです。

**クレームの発生を、「困ったこと」「大変なこと」と受け止めないことです。**

自社（自店）が変われるチャンスだと前向きにとらえて、最善の対応を心がけ、ステップアップへつなげていきましょう。

# クレームのお客さまをファンにする

## ◎クレームは氷山の一角

クレームは、商品やサービスの改善すべきところを指摘してもらえ、お客さまに満足してもらえる企業へと飛躍していけるヒントがいっぱい詰まった〝宝の山〟です。

**お客さまの不満を、聴く耳を持って真剣に受け止め、お店のサービスや商品の改善・向上に役立てていこうという気持ちがあれば、クレームをありがたいと思えます。**

しかしながら、不満を抱いたお客さまのすべてが、クレームという形で、わざわざ会社に貴重な情報を提供してくださるわけではありません。

「ジョン・グッドマンの法則」によれば、お店に苦情をいう人は、不満を抱いたお客さまの4割だそうで、残りの6割は〝サイレント・クレーマー〟です。

しかも、満足したお客さまよりも、不満を持ったお客さまのほうが、倍の人数に悪い評判を話すということですから、クレームをヒントにして、商品やサービスの向上に前向きに取り組みましょう。

## ◎クレームを満足に変える

クレームのお客さまは、改善ポイントを教えてくださるだけではありません。もし自分のクレームを会社に聞き届けてもらえ、その対応が迅速で、なおかつ満足のゆくものであったなら、82％の人が再びその会社の商品を購入すると、ジョン・グッドマンは指摘しています。

いいかえれば、苦情をいってくださるお客さまは、対応を間違えなければ、会社のファンになってくださる存在です。クレームに対して感謝の気持ちで接し、それを改善に役立て、クレームのお客さまをファンに変えていきましょう。

## クレームは初期対応が重要

### ◎クレームの7つのポイント

クレームをプラスに転じ、クレームのお客さまをファンにしていけるかどうかは、初期の対応にかかっています。

**①お客さまの話を素直に聴く**

「そんなことはありません」「お客さまの勘違いでは」などと、**反論や否定をするのは、お客さまの怒りを逆なでするだけ。まず聴くことが大事です。**

逃げ腰ではなく、積極的に聴こうとする前傾姿勢を取り、お詫びの表情も必要です。

すべての形と気持ちを整えて、お客さまの怒りに対して誠実に耳を傾けます。この姿勢が少しでもずれていると、お客さまの怒りは倍増していきます。

**②具体的な言葉で謝罪する**

たとえば待たされたことにお客さまがお怒りなら、「お待たせして申し訳ございませんでした」と、怒っておられることを具体的な言葉にしてお詫びします。

**③正確にメモをとる**

お客さまの苦情を記録することで、後々のトラブルを避けられ、お客さまに何度もくり返し話をさせたり、たらい回しにしなくてすみます。

断りなしに記録をすると、お客さまは不審感を抱かれるので、「お客さまのご意見を今後の参考にさせていただきます」「お客さまに何度も同じお話をさせてご迷惑をおかけしないように、メモを取らせていただいてよろしいでしょうか」などと了解を得ます。

お客さまの怒りは、**「空間を変える」「対応する相手を変える」「時間を変える」**の〝三変の法則〟（161ページ）で静まる場合があります。

話を聴くときに、部屋を変える、イスをすすめて座ってもらい、間をつくるなどです。

上司に相談をしたり、先輩と交代する場合も、このタイミングで行ないます。

**④お客さまのおっしゃったことを具体的に復唱・確認する**

たとえば商品の納品ミスで怒っておられたとしても、話しだすと、「注文の電話をしたときにコールセンターの対応が悪かったし、電話口で待たされるし……」などと、続けてクレームが出てくることがあります。

「コールセンターの対応に失礼があったのですね」「お待たせしてしまったのですね」と怒りの内容を具体的に復唱・確認していく中で、整理をして、お客様が本来怒っていたのは何なのかを見極めます。

**⑤対処方法を明らかにする**

こちらに手違いがあった場合は、上司に相談したうえで別の商品と取りかえる、返金するなどの対処をします。

どのような対処をするのかを明確に伝えることで、お客さまは安心されます。ここで注意したいのが、できないことまで「わかりました」と受けてしまわないことです。できないことは、「申し訳ございません」とお断りし、できる範囲内の回答をします。

また、こちらにすべて落ち度があるわけではなくて、お客さまに誤解が生じている場合もあるかもしれません。こちらのいい分を簡潔に説明して、誤解を解くことも必要です。

**⑥再発の防止を約束する**

「お客さまのご意見を参考にさせていただき、今後はこのようなことがないよう注意いたします」と再発の防止を約束します。

**⑦クレームとその後の対応は、社内で情報を共有する**

今後の対策のために大事です。

## ◎クレーム対応の「三変の法則」

お客さまの怒りをしずめるための方法として場所・相手・時間を変える「三変の法則」があります。

**◆場所を変える**

お客さまの話しを聴く時に、応接室や会議室にご案内し、椅子をすすめて座っていただくなど、環境を変えることで気持ちをしずめていただきます。

**◆相手を変える**

お客さまのクレームを受けたら、まず、お怒りの原因をお聴きします。その後、早い段階で上司に相談し交代します。

責任のある立場の者が対応することで気持ちをしずめていただきます。この時、お客さまから伺ったクレームの原因や経緯は上司に正確に伝えておきます。

### ◆時間を変える

「後日、改めてお詫びに伺います」と時間を変えます。数日の時間をおくことで、怒りの頂点に達しておられるお気持ちをしずめていただきます。お詫びの品などをお持ちし、ご自宅に伺います。

ただし、いずれも一時的な対処法にすぎません。クレームの原因は何かを考え、再発防止の根本的な改善が必要です。

## 電話でのクレームの対応

直接ではなく、電話でクレームを寄せてくるお客さまも少なくありません。電話だと、相手の顔が見えないために、言葉だけでお客さまの怒りを受け止め、言葉だけで返さないといけなくなります。

お客さまに厳しい口調で攻め立てられると、顔が見えないぶん、本来はできない対応でも、ついうっかり「できます」といってしまいたくなります。

まずは、徹底してお客さまのいい分を聴くことです。

定番のお詫びのフレーズである「ご迷惑をおかけしました」「大変申し訳ございませんでした」など、怒りを受け止める言葉を上手に使います。声の抑揚にも、お詫びの気持ちが表れるように気をつけましょう。

## クレーム対応力のまとめ

- お客さまの不満は改善・向上の宝の山。初期対応の7つのポイントで冷静に
- クレームは会社の問題。自己判断はトラブルの元。すぐに先輩・上司に報告を
- クレーム電話は誰もが一度は直面するもの。恐れず誠意を持って対応を

# 第9章

# 細心の注意を払いたいコンプライアンス

# コンプライアンスは会社と自分のため

コンプライアンスは、一般に「法令遵守」と訳されますが、日本国内や国際的な法令を守ることに加えて、広い意味での企業倫理の遵守もコンプライアンスに含みます。

「企業市民」という言葉があるように、**企業は社会のよき一員として行動することが求められています。そこに働く従業員も同様で、人間として後ろめたく思う行動は慎みましょう。**

お客さまに商品やサービスを購入してもらうことが会社の利益になります。そのために、契約の段階で多少背中を押してあげることは大切ですが、その過程で、もしコンプライアンスに反するような強引な行為があれば、お客さまは会社に不信感を抱き二度

と取引を行なわないでしょう。

そのことが大きな社会問題になると、会社の存続さえ危うくなり、自分の生活にも影響を及ぼします。**コンプライアンスは、お客さまや社会のためであると同時に、実際は会社のためであり、自分自身のためでもあるのです。**

自社（自店）や自分の行動が、倫理的に考えておかしくないかを絶えずチェックしましょう。

# 会社の信用とハラスメント

## ◎信用の重要性

企業は信用を失った時点で生き残ることはできません。

いつの時代も企業の不祥事が大きな社会問題として浮上してきます。情報化の進んだ現在では、あらゆる情報が瞬時に広くいきわたり、企業が自社の目の前の利益のために、社会の不利益を隠したり、ごまかしたりすることはできない時代です。

自社商品を売りたいあまり、誇張した表現を使ったり、品質、原産地、素材、消費期限などを偽って表示することはコンプライアンス上問題があります。企業にとって信用が何より重要なものであることを理解し、個人の行動の結果が会社の信用に関わることを知っておきましょう。

## ◎セクハラ・パワハラに対する注意

◆セクハラ（セクシャル・ハラスメント）

セクハラは相手が不快な性的言動と感じたかどうかで決まります。「そんなつもりはなかった」と思う何気ない言動であったとしても、相手が不快だと感じたら、それは立派なセクハラです。

全ては相手の捉え方次第。無神経な発言が相手を傷つけ、自分自身の評価も下げることになってしまいます。知らないうちに加害者になってしまったということがないように注意しましょう。

また、どれだけ気をつけていても、自分が加害者になる可能性も否定できません。

◆パワハラ（パワー・ハラスメント）

パワハラは、上司がその権限を盾に部下などに圧力をかけ、精神的に追い詰めることです。

達成不可能なノルマを課したり、不当な残業を押し付けたり。また、人格を否定して仕事を与えない、仕事とは無関係な罰を与える、などがパワハラにあたります。実際これによって健康を害する人も多くいます。

いずれも、一人で抱え込まず、早めに上司や先輩、家族や公共の電話相談窓口に相談してみましょう。

**◆他にもある!! ハラスメント**

アルコール・ハラスメント

飲酒にまつわるハラスメントです。飲酒の強要や酔ったうえでの暴言や、飲めないことをからかうなど。

カラオケ・ハラスメント

カラオケで歌うことを強要すること。接待の場で盛り上げるために強要されるケースなど。

マタニティ・ハラスメント

女性の妊娠・出産・育児に関する嫌がらせ。現代の社会問題のひとつ。

ジェンダー・ハラスメント

男女の性に関する嫌がらせ。「男はこうあるべき」「女性だから」という固定観念からの発言や非難・中傷など。

**ソーシャル・ハラスメント**

ＳＮＳ上で上司がコミュニケーションを求めてくることで、気遣いを強いられることなど、ＳＮＳを通じた迷惑行為。

# 個人情報の取り扱いに対する注意点

## ◎会社は個人情報の集積

2005年4月に個人情報保護法が施行され、個人情報の収集・保管・移送・管理について、その取り扱いが厳しくなりました。お客さまも非常に敏感になっており、もし顧客情報が外部に漏洩した場合には、会社やお店の信用・信頼に大きく関わってきます。

特に最近は、メールアドレスや携帯電話の番号など、お客さまからさまざまな情報をお預かりする機会も多くなっています。

たとえば、DMなどの案内のために、アンケートに答えてもらって、顧客情報を収集するとか、商品の発送や、修理日の連絡目的で、お客さまの氏名、住所、電話番号をいただくことがあります。

さらに顧客台帳には、企業名・住所・担当者などのほか、取引履歴、個人なら場合によっては、家族構成、資産なども記録されているかもしれません。

このように、個人情報に囲まれて仕事をする場合は、その取り扱いにいくら注意してもしすぎることはないのです。

## ◎個人情報を扱う際の注意ポイント

### ①個人情報の入った資料を放置しない

顧客情報、個人情報などを机の上に放置しない。席を離れるときは、これらに関わる資料は所定の保管場所に戻すか、パソコンを閉じるようにしましょう。

### ②個人情報の入ったパソコンやUSBメモリを持ち歩かない

個人情報の入ったパソコンやUSBメモリを外部に持ち出すと、電車の網棚に置き忘れたり、車上荒らしに盗まれたりする危険があります。

悪意の第三者がそのデータをインターネット上に流すなど、悪用しないともかぎりません。

パソコンやUSBメモリは社内に保管し、外部に持ち出さないことが、漏洩リスクを防ぐ鉄則です。

同様に、自宅で作業をするために、私物のパソコンにデータをコピーすることも許されません。社外では管理が行き届かず、ウイルスやソフトによる流出の危険がそれだけ高くなるからです。

**③会社からの連絡がＯＫか、事前に了解を得る**

預かった個人情報は、お客さまに断りなく、その本来の目的以外に使うことは認められていません。あとでＤＭやＥメールを送るのであれば、最初にお客さまの了解を得るようにします。

**④社外でむやみに噂話をしない**

会社のバッジをつけたスーツ姿や制服姿で同僚と飲食をする席や、新幹線など乗り物の中では、常に、周りから見られている、聞かれている意識を持ちましょう。

「壁に耳あり、障子に目あり」で、飲食店や車中でなにげなく話した社内の人事や業績、お客さま・取引先に関する情報が、第三者の耳に入り、どう悪用されるかわからないからです。

外出先や路上で、携帯電話を片手に大きな声で業務の話をするのも、同じように注意が必要です。

## コンプライアンスのまとめ

●顧客情報、社外秘情報の取り扱いは慎重に。社外での会話や振る舞いにも

●「気付かなかった」では済まされないのがセクハラ。発言・行動に責任を

# 第10章 好印象を残す来客応対のマナー

# 一人ひとりが会社の〝顔〟

お客さまが会社を訪ねたときに、いちばんはじめに応対した人のイメージが強く残るといわれています。つまり、最初の来客応対で、会社全体のイメージが印象づけられるといっても過言ではないのです。

最初の応対がよいと、会社に対するお客さまの印象がよくなり、担当者に取り次いだあとの流れもスムーズになります。

**その日、良好な雰囲気の中で、物事が円滑に進むかどうかの一端を担っているのが、お迎えとご案内だといえます。**

一人ひとりが会社を代表していることを念頭に、きちんと応対することが大事です。

お客さまに歓迎の気持ちを伝え、快適に過ごしていただくためのベースが、マナーの行き届いた来客応対。まずは、お迎えとご案内の基本をマスターして、お客さまにおもてなしの心を伝えましょう。

お客さまの立場に立ち、親切な応対を心がけることがポイントです。

## ご案内の基本をマスターしよう

### ◎歓迎の気持ちでお迎えする

はじめて来社されたお客さまは、誰に声をかけていいのか戸惑われるものです。**来客に気づいたら、こちらから声をかけるようにしましょう。**さわやかなあいさつでお迎えし、応対をすることで、お客さまに歓迎の気持ちが伝わり、お客さまも安心されます。

### ◎好感の持てる受付での応対

お客さまの立場に立って、ていねいにご案内することが、お客さまの印象をよくするポイントです。動作や言葉がけだけでなく、姿勢や表情などにも気をつかいながら、親切にご案内します。

**1 お迎え**

お客さまが来社されたら、席を立って「いらっしゃいませ」とあいさつします。

**2 社名・氏名の確認**

お客さまが名乗られた社名・氏名を復唱して確認します。たとえば「○○商事の△△さまでいらっしゃいますね。いつもお世話になっております」など。事前に連絡を受けていた場合は「お待ちしておりました」と出迎え、担当者に来客の旨を伝えます。

**3 取り次ぎ**

お客さまの名指し人に取り次ぎます。お客さまを立たせたままお待たせするのではなく、いったんお座りいただくのが基本。待ち合いスペースがない場合は、受付付近に来客用のイスを用意しておくとよいでしょう。

（例）お客さま「□□さまはいらっしゃいますか」
　　対応者「□□でございますね。おかけになってお待ちくださいませ」

**4 行き先を告げる**

お客さまの名指し人に確認後、お客さまをご案内します。「応接室へご案内します」とはじめに行き先を告げ、進行方向を手で指し示しながらご案内します。

**5ご案内中の歩き方**

ご案内中は、お客さまの二、三歩前を歩くのが基本です。お客さまに完全に背を向けてしまうほど前では、お客さまの様子を知ることができません。半身の姿勢でお客さまに歩調をあわせるためにも、時折振り返るなどして、お客さまに意識を送るようにしましょう。

**6進行方向の指し示し方**

腕の伸ばし具合で、お客さまに距離を伝えます。遠い場合はひじを伸ばし、近い場合はひじを折って指し示すのが基本のマナー。

階段を昇るときには上方に、足もとに段差がある場合は下方に示しながら「足もとにお気をつけくださいませ」などと添えると、よりていねいなご案内ができます。

**7曲がり角を曲がるとき**

曲がり角では、いったん立ち止まり、お客さまに向き直ります。「こちらでございます」などと声をかけ、再度、進行方向を手で指し示します。

**8階段の昇り降り**

階段へ踏み出す前に、お客さまに向き直り、「○階にご案内いたします」と行き先を伝えます。昇るときも降りるときも、お客さまの目線より高くならないよう、二～三段下を進むようにします。

### 9 エレベーターでの移動

エレベーターに乗るときにも、「○階にご案内いたします」と何階へ行くのかをまず伝えます。エレベーターが到着したら「お先に失礼いたします」とひと言伝え、先に中へ入り、操作盤の前に立ちます。「開」のボタンを押し、ドアが閉じないようにドアに手を添えておいて、お客さまに中へ入っていただきます。

目的階へ到着したら、「開」のボタンを押してお客さまに先に降りていただきます。「降りられて右手でございます」など、次の進行方向をお伝えしておくと、スムーズにご案内できます。

### 10 部屋へ入るとき

ノックをして部屋に入ります。このときのノックは3回。一般的に2回のノックはトイレノックといわれているので注意。

ドアが内開きの場合は、自分が先に部屋へ入ってドアを押さえます。「どうぞ」とお客さまへ声をかけ、入室を促します。外開きの場合は、ドアを開いて押さえ、お客さまに先に入室していただきます。お客さまが入室されたら、上座へご案内します。

## 知っておきたい席次の基本

席次を間違えると、お客さまに対して失礼になります。ご案内するときには、上座をおすすめするのが基本。席次のマナーをふまえて、正しいご案内を心がけましょう。

一般的には、出入り口からいちばん遠くにある席が上座です。和室では床の間のある・なしで判断しましょう。

自動車ではタクシーなのか社有車なのか、社有車の場合は誰が運転するのかによって、席次が変わります。

基本をわきまえたうえで、臨機応変な対応が求められます。

[応接室での席次]

出入り口から見て奥にある席が来客席です。長イスは社外用、ひじ掛けイスは社内用と覚えておきましょう。3人がけのソファの場合は、役職の高い人から奥に座ってもらいます。

## エレベーターでの席次

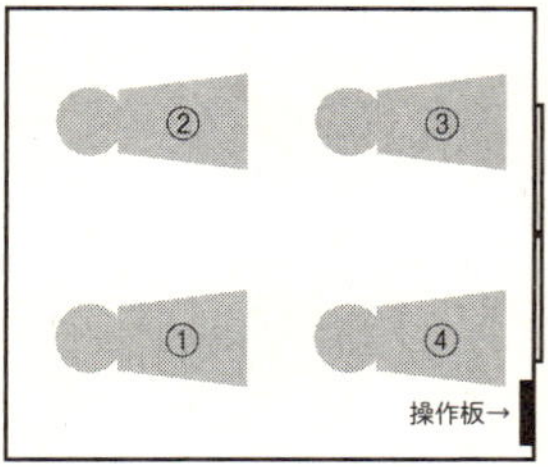


## 応接室での席次

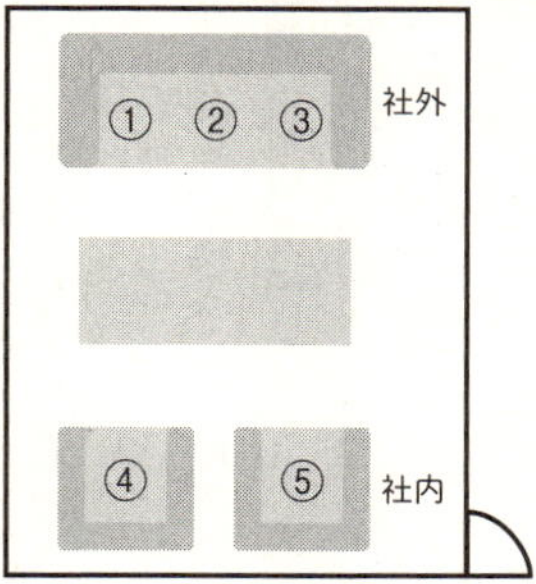


## 車内での席次

## 和室での席次

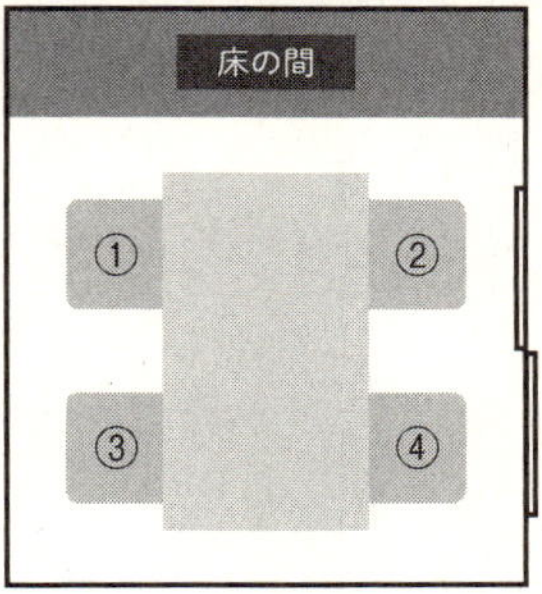

［和室での席次］

基本的に出入り口からいちばん遠くの席が上座ですが、床の間がある場合は、床の間に近いほうの席が上座になります。

お客さまには座布団をすすめて、そちらに座ってもらいます。

［エレベーターでの席次］

エレベーター内では、操作盤の前が下座、その後ろが上座になります。

ご案内するときには、お客さまに完全に背を向けないよう、できるだけ壁側に背中を向けて操作盤の前に立ちましょう。

［車内での席次］

タクシーの場合は、助手席が下座、運転席の後ろが上座です。

後部座席に3人が乗る場合は、助手席の次に後ろの真ん中が下座になります。上司が運転する場合は、助手席が上座です。

［新幹線・電車での席次］

進行方向に向かって前列が上座ですが、車両連結部が近い場合は後列が上座。景色がよい窓側の席が上座です。

向かい合ったシートの場合は進行方向を向いた窓側の席が上座になります。3

人掛けシートでは真ん中が下座です。

### ◎快適に過ごせる席をすすめる

一般に、ご案内する部屋の上座に来客用の席が用意されています。

ただし、窓からの景色がよい部屋では、入り口に近くても、眺めのよいほうを来客用の席にする場合があります。

また、日差しが差し込んでいて暑い、冷房の風があたって寒いなど、上座に不都合がある場合は、理由を添えて別の席をおすすめするのも気くばりです。

お客さまに快適に過ごしていただくための配慮が、席次のマナーです。お客さまの過ごしやすさを考えて対応しましょう。

# 心が伝わるお茶の出し方

## ◎1杯のお茶が気持ちを伝える

わざわざ出向いてくださったことへの感謝の気持ちを表現するのが、お茶の接待です。良好な雰囲気の中で、お客さまとの面談をスムーズに進めるためにも、きちんとしたお茶の出し方をマスターしましょう。

お茶の接待には、淹れ方から出し方まで、一つひとつにマナーがあります。お出しする飲み物が、日本茶なのか、コーヒーや紅茶なのか、あるいは、冷たい飲み物なのかによっても、セッティングや出し方などが少しずつ違います。

**大切なのは、気持ちをこめてお出しすること。**おもてなしの心が伝わるお茶の接待は、おのずとお茶をおいしく感じさせます。

また、お茶を出すのは女性の仕事だと思われがちですが、男女に関係なく、気がついた人から行なうようにしたいものです。

**特に新人のうちは、お客さまに顔を覚えていただくためにも、率先して行なう**

とよいでしょう。

### ◎お茶を準備する

お茶の準備をするときには、まず次のことをチェックします。

◆手や指は清潔か。
◆茶托や湯飲み（茶碗）に、汚れやひび割れがないか。
◆急須と湯飲みが人数分そろっているか。
◆お盆は濡れたり、温められているか。
◆布巾を用意したか（湯飲みの底が濡れてしまった場合や、粗相をしてしまったときのため）。

### ◎お茶を淹れる

お茶を淹れるときの基本の手順は、①湯飲みと急須を温める、②急須に茶葉とお湯を入れる、③7～8分目をめやすに注ぐ、の3ステップです。

数人分のお茶を淹れる場合は、濃さや量が均等になるように、少しずつ順番に注いでいきます。

熱すぎたり、ぬるすぎたりしないよう、温度にも気をくばります。

お茶を淹れたら、湯飲みの底が濡れていないかチェックします。底が濡れたまま茶托に置くと、お客さまが持ち上げたときに、湯飲みに茶托がくっついてしまう可能性があるので注意が必要です。

お茶は、お客さまの緊張をほぐし、面談の雰囲気をなごやかにします。おもてなしの心をこめて、おいしいお茶を淹れましょう。

### ◎お茶を運ぶ

お盆は体の正面ではなく、やや右か左寄りに持ちます。ドアが右開きなら体の左側に、左開きなら体の右側に持つと、入室時の動作がスムーズです。

ノックをしてから「失礼いたします」と声をかけ、部屋へ入ります。ドアを閉めたらお客さまにおじぎをしましょう。

### ◎お茶のセッティング

人数が多い場合は、お盆に湯飲みとは別に茶托を重ねて置き、応接室に運んでからセットします。

布巾で湯飲みの底をさっと拭いてから、茶托にのせて出しましょう。湯飲みや茶托は、お客さまに模様が見える向きにセットするのが基本です。

**◆湯飲みの外側にワンポイントの模様がある場合は、その面をお客さまの手前になるように。**

**◆湯飲みの内側にワンポイントの模様がある場合は、お客さまの向こう正面にその模様がくるように。**

**◆ふたがある湯飲みの場合は、ふたの模様と湯飲みの模様をそろえる。**

**◆茶托に木目がある場合は、お客さまから見て、木目が横になるように。**

## ◎お茶を出す

サイドテーブルにいったんお盆を置き、両手で茶托を持ちながら出します。サイドテーブルがない場合は、左手でお盆を支え、右手で茶托を持って出します。テーブル上で茶托を引きずるのは、マナー違反です。

お茶は、**お客さまの右側から出すのが基本です**。

お菓子がある場合も同じ。お菓子→お茶の順に、**お客さまから見てお菓子が左、お茶が右になるように出します。**

お客さまの右側に壁などがあり、左側から出す場合は、お茶→お菓子の順で出すとよいでしょう。

複数のお客さまに出す場合は、上位の人から出すのがマナーです。

お茶を出すテーブルが低い場合は、上体が傾かないように、ひざを折って、背筋を伸ばしたまま沈むようにして出すとスマートな動作になります。

### ◎退室する

退室するときには、お盆の内側を体側に向けて持ち、ドアの前で「失礼いたします」と一礼します。

自社の社員とお客さまが相対している場合は、お客さまの後ろをとおらず、自社の社員の後ろをとおるようにします。

ワンランクアップ
アドバイス

**「失礼いたします」の立ち居振舞い**

お茶をお出しするときだけではなく、部屋への入退室時や、お客さまや上司から何かを受け取るときにも、無言のまま動作を行なうと横柄な印象を与えてしまいます。お客さまの持ち物に触れるとき、持ち場を離れるときには「失礼いたします」のひと言が、お客さまに安心感を与えてくれます。

## ◎上手な飲み物の出し方ケーススタディ

**CASE1　おかわりを出すとき**

面談が長時間にわたる場合は、頃合いを見計らって、おかわりをお持ちします。

お茶のおかわりを出す場合は、先にお出ししていたお茶をさげてから、新しいお茶を出します。

**CASE2　コーヒーや紅茶を出すとき**

カップとソーサーのセッティングには2つのパターンがあります。カップの持ち手を右に向けるアメリカンスタイルと、持ち手を左に向けるヨーロピアンスタイルです。いずれもスプーンは柄を右に向けて置くのが基本です。

迷ったときは、左手で持ち手をおさえ、かきまぜられるので、ヨーロピアンスタイルが無難。砂糖やミルク、フレッシュなどは、別の器などにまとめて出すか、ソーサーの上に、スプーンと一緒に添えて出します。

**CASE3　冷たい飲み物を出すとき**

冷たい飲み物を出す場合は、まずコースター、次にグラス、最後にストローの

順で出します。

コースターを敷かないと、グラスが結露して、テーブルに置いた書類などを濡らしてしまいます。冷たい飲み物の場合は、必ずコースターを用意しましょう。

### CASE4　お茶の種類を変えるとき

午前中はあっさりとしている煎茶、午後はしっかりとした味の玉露でおもてなしをするという作法があります。一般的なビジネスシーンでは、そこまで厳密に対応しなくても問題はありません。ただし、来客用と社内用とでお茶が区別されている場合は、間違えないように注意しましょう。

### CASE5　給茶機やコーヒーサーバーの飲み物を出すとき

簡易カップの出し方は、一般的なお茶やコーヒーの出し方と同じです。砂糖やフレッシュなどを出す場合は、飲み物をお出ししたあとに、まとめて真ん中に置きます。

## CASE6　人数が多いとき

1人では対応しきれない場合は、2人がかりでお茶を出すこともあります。片方の人がサイドテーブルでセッティングし、もう1人がお客さまに出す、というように分担するとスマート。

1人で対応する場合は、無理にお盆を片手で扱う必要はありません。出入り口のドアを開けるときなどには、部屋の外のテーブルにいったんお盆を置き、ノックしてドアを開けてから、お盆を持って入るようにすると安全です。

## スマートな名刺交換で名前を覚えてもらう

### ◎名刺交換は人間関係の礎

ビジネスシーンでは、初対面の人に会ったとき、名刺を交換するのが一般的です。社会人として恥ずかしくない、名刺交換のマナーをおさえておきましょう。

名刺交換には、

**◆相手に自分を知ってもらう**

**◆〝今後ともよろしくおつきあいください〟ということを表現する**

という意味があります。

**相手からいただいた名刺は、その人自身だと思って、大切に扱うことが当然です。**くれぐれもその人の目の前でぞんざいに扱うことのないように気をつけます。

そつなくスムーズに名刺を交換できるのと、あたふたしながら交換するのとでは、相手に与える印象が違ってきます。マナーにかなった名刺交換ができないと、一人前の社会人と見なしてもらえないといっても過言ではありません。

名刺交換は、お互いを知る第一歩です。今後の人間関係の礎になる重要なシーンを、好印象でスタートできるように、スマートな名刺交換を身につけましょう。

## ◎名刺交換はタイミングが命

名刺を交換するときには、訪問者または目下の者から先に差し出すのがマナーです。**いつも自分から先に出すという謙虚な気持ちを持ち、差し出すタイミングを逃さないように、すぐに名刺を出せるようにしておきましょう。**

男性の場合は内ポケットに入れておけますが、女性の服にはポケットが少ないので、カバンの中のすぐ取り出せるところに入れておきます。あらかじめ名刺を交換することがわかっていたなら、先に名刺入れを出して準備をしておほうがベターです。

## ◎好感の持てる名刺交換

スマートな名刺交換をするためには、礼儀正しいマナーが不可欠です。名刺交

換の流れは、

◆必ずイスから立ち上がる。
◆テーブルをはさんで渡さないよう、相手に歩み寄る。
◆「△△会社の○○です。よろしくお願いいたします」と名乗りながら、両手で差し出す。
◆相手の名刺より下に差し出す。
◆両手は胸の位置で「頂戴いたします」と言葉をそえる。
◆相手の名刺は両手でいただく。

いただいた名刺は、自分の名刺入れの上にのせて、テーブルの上に置きます。相手が複数の場合は最上位の人の名刺を名刺入れにのせ、以下、上座の順に並べて置きます。

名刺はその人の〝顔〟です。相手の目の前で書き込みをしたり、折り曲げたりなどと名刺を粗末に扱うのは厳禁。

名刺をしまうタイミングは、席を立つときです。複数の名刺をいただいた場合は、上位の人が最後に上になるようにしまうのがマナー。くれぐれも置き忘れないように気をつけましょう。

## ◎いざというときに慌てない名刺交換のケーススタディ

### CASE1 同時に交換するとき

次の要領で名刺の受け渡しをします。

・自分の名刺を両手の親指と人差し指で持ち、差し出す。その際、名刺入れは両手の人差し指と中指ではさんで持つとスマート。
・相手が名刺を出されたら、自分の名刺を右手で渡しながら、同時に左手で受け取る。
・自分の名刺を渡し終えたら、空いた右手を名刺に添えて両手で持つ。
・相手が複数の場合、いただいた名刺を左手の中指と名刺入れの間にはさんで持ち、①〜③の順で交換していく。

### CASE2 複数の人と交換するとき

上司と一緒の場合、上位の人から交換するのが基本です。お互いに複数人で交換する場合は、まずは上位の者同士が交換し、順番に下位の者が交換していきます。

### CASE3 上位の人に先に名刺を差し出された

同時に名刺を交換するときの渡し方

上位の人を待たせるのは、失礼にあたります。先に差し出された場合は「お先に頂戴いたします」と伝えて、まずは受け取り、そのあとすぐに「申し遅れました。私、△△会社の○○と申します」などと、自分の名刺を差し出します。

**CASE4　交換しようとしていた自分の名刺を落としてしまった**

拾い上げた名刺で、そのまま名刺交換をするのは失礼にあたります。「失礼いたしました」といって拾い上げ、新しい名刺を出して、改めて名刺交換をするのがマナー。

**CASE5　名刺交換のタイミングを逃してしまった**

面談の途中に名刺交換できそうなチャ

ンスがあれば、申し出ます。タイミングをみつけ、「申し遅れました、本来でしたら最初にお渡しすべきところでしたが……」などとお詫びの言葉を添えて、名乗ります。

## CASE6 名刺を切らしてしまった・忘れてしまった

どちらの場合も、「申し訳ございません。ただいま名刺を切らしておりまして……」とお詫びをすることが大切です。相手の名刺をいただいたら、帰社後、早急にメールやファックスで自分の連絡先をお伝えします。

**複数人での名刺交換の順番**

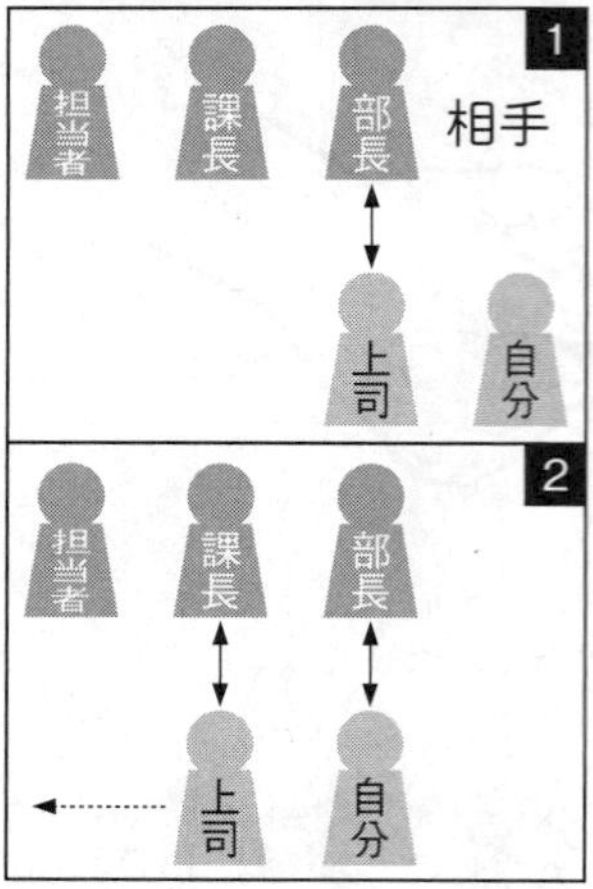


後日、再会したときに改めてお詫びをし、名刺をお渡しします。再会の予定がない場合は、郵送でお送りするのがマナー。そのときにも、ひと言お詫びの言葉を添えるのを忘れずに。

名刺交換は、おつきあいの始まりです。いつも多めに持つようにしましょう。

## CASE7　名前の読み方がわからない

読みにくい名前の場合は、「失礼ですが、お名前は何とお読みすればよろしいですか」とていねいに伺います。伺った読み方をその場で名刺に書き込むのは、相手に対して失礼です。

## 余韻の残るお見送り

### ◎最後まで気持ちをこめて

お客さまによい印象のままお帰りいただくためには、最後までていねいな応対をすることが大切です。**せっかくの面談が、だいなしにならないように、礼儀正しく、気持ちのこもったお見送りを心がけましょう。**

お見送りには、お客さまとの関係にあわせて、いくつかのパターンがあります。普段から親しくしているお客さまなのか、目上のお客さまなのか、また、どのようなご用件で訪問されたのかなど、状況を考慮したうえで、マナーを守ったお見送りを行なうことが大切です。

お見送りは、その日の仕事の締めくくりでもあり、次の機会へつなげるための第一歩。「お客さまとの関係をこれからも大切にしていきたい」という気持ちを表現することが、印象のよいお見送りの秘訣です。お客さまに「また来たい」と思っていただけるように、余韻の残るお見送りをめざしましょう。

## ◎来社の頻度にあわせたお見送り

お客さまをお見送りする場合は、玄関や車までご一緒します。車でお帰りになるときは、車が見えなくなるまで見送るのが基本。

エレベーターの前までお見送りする場合は、ドアが閉まりきるまで、きちんとおじぎをします。再度ドアが開くことがあるので、急いで立ち去らないこと。

頻繁に来社される取引先の方の場合は部屋の中でお見送りするのでもよいでしょう。担当者はもちろんそれ以外の社員もお客さまの姿が目に入ったら、あいさつとおじぎをするのがマナーです。

ワンランクアップアドバイス

**おもてなしの方程式「100－1＝0」**

交渉の場では、「100－1＝99」ではありません。「100」の対応を心がけていても、「1」のマイナスがあると、それまでの努力が水の泡になってしまいます。最後まで気をぬかないで、お客さまを大切に思う気持ちをこめたお見送りをしたいものです。

## 来客応対のマナーのまとめ

- お客さまに気付いたらすぐに席を立って笑顔で応対。基本マナーでご案内
- 知っておくと恥をかかないのが席次。考え方の基本は扉から遠い席が上座
- 暑い日は冷たい、寒い日は温かいお茶でおもてなし

# 第11章

# 会社の代表として見られる訪問時のマナー

# 自分の印象が会社全体の印象に

他社を訪問する場合、自分の印象が会社全体の印象になります。あなたが訪問することで、会社のイメージダウンになることがないようにしたいものです。

何事も「準備8割、現場2割」です。時間どおりに訪問し、訪問先で慌てないためにも念入りに事前準備を行いましょう。また訪問先ではマナーに則った行動が求められます。これまでに身につけたマナーの全てを発揮しましょう。

他社訪問は、自分はもとより、相手の大切な時間をいただくものです。せっかく訪問をするからには双方がWin-Winの関係になるように成果意識を持つことが重要なポイントです。

## 訪問までに準備しておくこと

### ◎アポイントメントをとる

他社訪問ではあらかじめアポイントメントをとっておくのがルールです。目安として7日〜10日前に電話またはメールで申し出ます。電話では会社名、部署名、名前を名乗り、「○○の件で1時間程お時間をいただきたいのですが……」と訪問の目的、所要時間を伝えます。

**訪問をして会っていただくということは相手の貴重な時間を割いていただくということです。何のために会うのか、目的をはっきりと伝えましょう。**

次に日程調整をします。こちらから複数の候補日を提案し、相手に都合の良い日を決めていただくとスムーズです。日時が決まったら復唱確認をします。

### ◎訪問までの準備

アポイントメントがとれたら訪問の目的が達せられるように準備をします。相手にわかりやすく用件を伝えるために必要な資料を用意します。

あらかじめ見ておいていただきたい資料はメールで送付しておきましょう。面談の人数に合わせて必要部数を用意し、会社の封筒に入れます。

次に訪問先の情報を収集します。事業内容、経営方針などをホームページなどで調べておきます。既に取引がある場合は自社との取引について、上司や先輩から情報を得て頭に入れておきましょう。

また訪問先の所在地、交通手段、所用時間についても早めに調べておきましょう。

### ◎訪問当日の出かける前の準備

出かける前は持ち物の再確認をします。上司や同行者がいる場合、資料は人数分用意するのが鉄則です。名刺入れに十分必要な枚数を補充し、筆記用具も忘れないように注意します。

最後に身だしなみを確認。不快感がないか、相手目線でもう一度自分の身だしなみをチェックしましょう。

## 面談当日のマナー

### ◎時間厳守

訪問先には遅くても10分前には到着できるように、余裕を持って移動をしましょう。

相手はあなたのためにスケジュール調整をして時間を空けてくれています。**遅刻をすることがないように「早すぎるかな」と思うぐらいで丁度です。**

### ◎受付でのマナー

訪問先に着いたら受付に立つ前に念には念を入れてもう一度身だしなみをチェックします。ネクタイは歪んでいないか、ストッキングは破れていないか、靴は汚れていないかを確認します。

冬であればコートは脱いで腕にかけます。雨天の日はかばんに着いた雨の雫を拭い、傘は雫を切ってから傘立てに。名刺入れはすぐに取り出せるように男性は

## 他社訪問で出発する前にチェックしたいポイント

- □ 名刺は十分な枚数を持っているか?
- □ 商談の資料は人数分あるか?
- □ 手帳、筆記用具は持っているか?
- □ 携帯電話は持ったか?
- □ スーツは汚れていないか?
- □ 靴は汚れていないか?
- □ 靴下、ストッキングに汚れ、破れはないか?

## 訪問する会社の受付に立つ前にチェックしたいポイント

- □ 名刺はすぐ出るところにあるか?
- □ コート、マフラーはしていないか?
- □ 髪型は乱れていないか?
- □ 靴は汚れていないか?
- □ 携帯電話はマナーモードになっているか?
- □ ストッキングは破れていないか?

スーツの内ポケット。女性はバッグの取り出しやすい場所に準備します。携帯電話をマナーモードにするのもこの時です。

[受付者がいる場合]

約束の時間の5分前になったら受付に立ちます。あいさつをし、取り次ぎを依頼します。「失礼いたします。私、○○会社の○○と申します」と名乗ったら「○○課の○○様と、本日○時のお約束で伺いました。お取次ぎをお願いします」と約束があることを伝えます。受付者が名指し人に連絡をしている間は受付から少し離れたところで静かに待ちましょう。

［受付者がいない場合］

受付電話の受話器を取り、内線番号を押して、自分の会社、部署名、名前を名乗り訪問相手を伝えます。指示に従い、自分で目的階に上る場合もあれば、担当者が迎えに来てくれる場合もあります。いずれも「ありがとうございます」と伝えて指示に従うようにしましょう。

### ◎応接室でのマナー

応接室などに通されたら、基本はすすめられるまで席には座りません。すすめられたら指示された席に座ります。特に指示がない場合は下座に座ります。席に座ったら面談相手が来るのを静かに待ちます。かばんは椅子に置かず足元に置きます。コートはかばんの上に置きましょう。

お茶が出されたら「ありがとうございます」と言い、面談相手が入室するまでに飲んでも構いません。上司が同席している場合は上司が口をつけてから飲みます。提示する資料はすぐに取り出せるように準備しておきましょう。

面談相手の入室のためのノックが聞こえたらすぐに立ち上がってドアの方を向きます。初対面なら名刺交換をします。

## ◎面談を終えて帰るときには

事前に伝えておいた予定時間内に面談を終えるように配慮します。面談が終わったら無意味な長話はせずに辞去しましょう。必要に応じて話の内容のまとめと確認をします。更に次回の面談が必要であればこの時に日程調整をしておきましょう。

面談の時間をいただいたことにお礼の言葉を伝えその場を離れます。相手が見送ってくれる場合、応接室を出たところやエレベーターに乗り込むまでなど、適当な場面で「こちらで失礼します」と相手の見送りを遠慮するのもマナーです。コートやマフラーは屋外に出てから着用します。

## ◎訪問後のマナー

帰社後は面談の内容や決定事項をすみやかに上司に報告します。必要であれば報告書を作成します。相手から質問事項や依頼事項が有った場合は期限内に結論を出して連絡をするようにします。また、訪問先から直帰になりそうな場合は事前に上司に許可を得ておきましょう。

## 社外での面談のマナー

仕事の打ち合わせを社外で行なうこともあります。

お店選びでは、相手の会社の所在地を考慮し、利便性のよい場所を選びましょう。周りが騒々しいファーストフード店などは避け、ビジネスに適した落ち着いた雰囲気のカフェが好ましいでしょう。

待ち合わせでは、事前にメールでお店の名前や地図と同時に、携帯電話の番号も交換しておくと安心です。

当日、呼び出しておいての遅刻は恥ずかしいものです。お店には10分前には到着するのが鉄則です。

顔が見やすいように入口ドアに向かって座りましょう。

このときは、上座・下座の関係よりも、まずは相手とスムーズに出会うことを優先します。時間になり、相手が着いたら立って迎えます。

その後、上座の席をすすめるようにします。注文は双方にコーヒー等の飲み物程度にします。

社外での面談では大きな声での会話は控えましょう。外部に知られては困る業務内容や社名、個人名が漏れることがないように注意が必要です。

会計は呼び出した側が支払うのが基本ですが、相手が年長者で支払いを申し出た場合は無理に断らず「ご馳走さまでした」とお礼を伝えましょう。

## 訪問のマナーのまとめ

●訪問は「準備が8、現場が2」事前準備が成功のカギ。資料の準備や訪問先の情報収集を念入りに

●名刺、筆記用具、資料、身だしなみの確認を

●遅くても10分前に到着。コート、マフラーは訪問先に入る前に脱いでおく

# 第12章 評価を左右するビジネス文書

# 社内外で絶対に必要となるスキル

電話、ファックス、メール、SNSというように、現代は便利で手軽な情報通信ツールが発達しています。これらのツールを組みあわせて活用しているところが大半でしょうが、ビジネスの大事な情報のやり取りは、今も昔もビジネス文書が中心を占めています。

「そんな面倒なことをせず、口頭や電話で十分ではないか」「メールで送れば手軽でいいのでは」と思う人もいるかもしれません。確かにビジネス文書の作成は形式がうるさく、手間も時間もかかります。

しかし、会社の仕事は、一人ひとりが役割と責任を分担して、チームワークで行なうために、正確で間違いのないコミュニケーションが大事になってきます。何もかも口頭や電話ですませると、言葉の行き違いや「言った」「言わない」で、ミスやトラブルが起きる可能性が高くなります。記録性の高い文書であれば、その心配もありません。

また、社外とのコミュニケーションは、儀礼を重んじます。昔からの慣用句を用いて社外文書を作成し、封書で送るのはそのためです。

**ビジネス文書を作成する能力は、会社で求められる基本的な能力の一つです。**「文書は苦手」と避けるのではなく、社会人の常識としてしっかりマスターしましょう。

# ビジネス文書の書き方

## ◎基本のフォーマットをマスターしよう

ビジネス文書は、大きく分けると、「社内文書」と「社外文書」の2つがあります。

社内文書は、会社の中で使用し、文字どおり社内の人に発信する文書です。他方、社外文書は、会社が社外の人に向けて発信する対外的な文書です。社内文書より儀礼を重んじます。

書きなれていないと、「ビジネス文書はむずかしい」というイメージを持つ人が多いでしょうが、社内文書・社外文書ともに、基本フォーマット（書式）が決まっています。

それらをしっかりとマスターし、フォーマットに従って書いていけば、意外と簡単に作成できます。

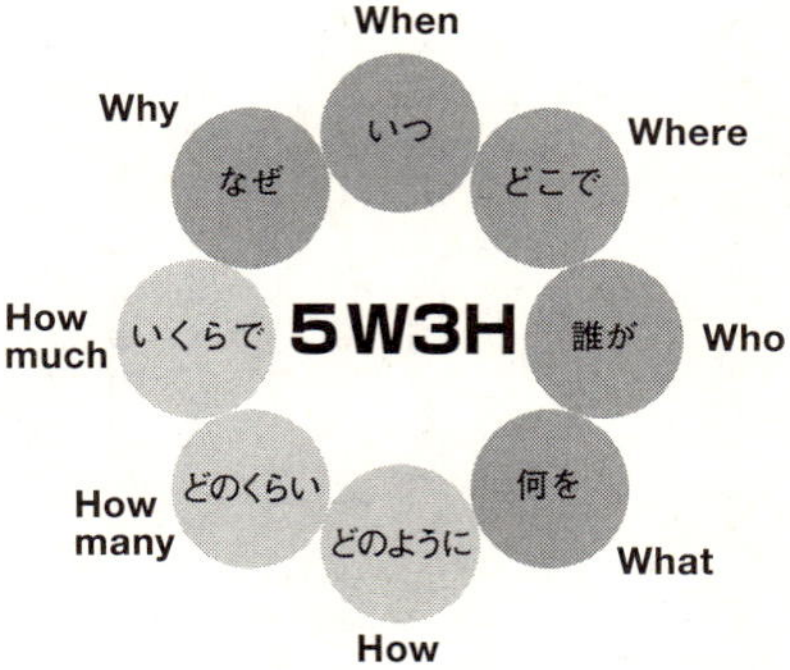


### ◎書き方の基本ルールをおさえる

ビジネス文書で大事なことは、情報を相手に正確に伝えることです。

そのための書き方の基本ルールも決まっています。そのルールを頭に入れて、内容に漏れやが誤りないように、5W3Hをおさえて書き進めます。

センテンスの長い文は読みにくくて、わかりづらいもの。一文を短くし、句読点で区切りをつけて、簡潔でわかりやすい文書を作成しましょう。

## ビジネス文書の基本

ビジネス文書を書く基本のポイントは、次の4点です。

**・1つの文書に1つの用件**

ビジネス文書は、儀礼的な文書、社交的な文書を除いて、横書きで書くのが基本です。A4用紙1枚にまとめ、1つの文書に用件は1件のみ。いくつもの用件があるときは、そのつど文書を改めます。

**・本文の前に具体的な件名を**

1文書1用件ですから、一目見たらその文書の内容がわかるような件名（標題）を本文の前に明記します。20字以内をめやすに、本文よりやや大きな文字で、「～の件」「～について」などと、簡潔に表すのが一般的。その後ろに、カッコ書きで（通知）（依頼）などと文書の性質を示すとなお親切です。

**・用件は簡潔に**

一般によい文章の展開は「起承転結」といわれますが、ビジネス文書では、「結」が優先です。まず結論を書き、次に、その結論に対する説明や理由などを綴ります。なるべくやさしい言葉を使い、センテンスを短くするために、箇条書きを活用するとよいでしょう。

**・書き終えたら見直す習慣を**

**いったん書き上げたあとに、漢字や固有名詞、数字、内容に間違いがないかを必ずチェックすること。**宛先の社名、部署名、役職、氏名などに誤りがあれば失礼になりますし、数字にミスがあると誤解を招くもとです。誤字・脱字も、教養・人格を疑われるだけでなく、違った意味に取られる可能性があります。

パソコンの変換ミスにも要注意。不確かなものは、辞書などで確認します。

## ◎文書の種類と敬称

**・文章の種類**

社内文書、社外文書とも、いろいろな種類がありますが、大きくくくると次のようになります。

[社内文書]

**◆連絡文書**

**◆報告文書**

## 社内文書の種類

| | | |
|---|---|---|
| **連絡文書** | 上位の者〔組織〕から下位の者〔組織〕への通達や指示・命令、あるいは、部門間の連絡・調整を目的としたもの。 | ・指示書・通知書<br>・依頼書・案内書<br>・紹介書・回答書<br>など |
| **報告文書** | 仕事の結果や途中経過、日常の業務などの、下位の者から上位の者への報告や、社内関係部署への報告を目的としたもの。 | ・日報・月報<br>・業務レポート<br>・出張報告書<br>・議事録　など |
| **提案文書** | 下位の者から上位の者（組織）へ提案したり、お伺いを立てて、意思決定を仰ぐことを目的としたもの。 | ・稟議書・企画書<br>・提案書<br>・進退伺い　など |
| **届出文書** | 会社の就業規則などにもとづいて、提出を義務づけられているもの。 | ・欠勤届<br>・休暇届など業務に関する届出<br>・結婚届・出生届・住所変更届など身上に関する届出<br>・始末書・理由書<br>など |

**社外文書の種類**

| | | |
|---|---|---|
| **取引文書** | 社外の会社と取引を進めることを目的とした文書。日常的な取引に関連したものと例外的な取引に関連したものとがある。 | 〈日常的なもの〉<br>・通知書・依頼書<br>・注文書<br>など<br>〈例外的なもの〉<br>・督促状・詫び状<br>・断り状 |
| **儀礼・社交文書** | 会社相互、担当者同士の理解を助け、良好な関係を築くことを目的としたもの。組織として作成するものと担当者が作成するものとがある。 | 〈組織として作成〉<br>・挨拶状・案内状<br>・招待状・祝い状<br>など<br>〈担当者として作成〉<br>・礼状・祝賀状<br>・見舞い状<br>・悔やみ状　など |

◆提案文書
◆届出文書
［社外文書］
◆取引文書
◆儀礼・社交文書

それぞれの具体的な文章は表のとおりです。

**・敬称の使い分け**

「敬称」とは、相手の名前の後ろに、「○○様」「○○殿」などとつけることで、相手に敬意を払うものです。封筒やハガキの表書き、文書の受信者名のところに用います。

様：個人のお客さま、社内・社外の上位の人・目上の人など、一般的に誰に対してでも使えます。迷ったときは、「様」が無難。

**殿**：「営業部長殿」などと、社内の身内に対して使うもの。社外の人に対しては用いません。目上・上位の者から下位の者へ使うのが本来で、自分が「殿」で文書を受けたために、うっかり自分も上司に対して使うと失礼になってしまうので注意を。

なお、最近は「殿」の使用が減ってきて、「様」になりつつあります。

**御中**：企業や団体、組織に対して使います。「様」「宛」はNG。

**各位**：同一文書を大勢の人に対して出す場合に、「皆様方」の代わりに使います。

よく、「〇〇会社御中　〇〇様」と敬称を社名と個人名の両方につけますが、基本は、「〇〇会社　〇〇様」と最後に1つあればOKです。

## 社内文書作成のポイント

社内文書は、同じ会社の身内に向けて発信するもの。丁重さや格式ばった慣用句よりも、正確・簡潔明瞭で、迅速な情報のやりとりを優先します。

基本フォーマットのポイント

**①文書番号**
文書の整理・管理上つけます。番号の表記は社内規定に従うこと。会社によってはつけない場合もあります。

**②発信日付**
社内規定に従って西暦か和暦かで統一します。

**③受信者名**
多人数の場合の敬称は「各位」、個人の場合は役職名が一般的。

**④発信者名**
文書発行の責任者の氏名と部署を記入。文書作成者と同一とはかぎりません。

**⑤件名**

文書の内容が一目でわかるものを20字以内で。

**⑥本文**

社内向けのため儀礼的なあいさつは抜きで、「標題の件につき」「標記について」という切り出しで始める場合が一般的。

**⑦記**

文書の中に下記がある場合につけ、そこから下の内容はすべて箇条書きにして簡潔にまとめます。

**⑧注記**

「なお」で始めるのが一般的。

**⑨付記**

添付の資料、書類があれば、ここに明記します。

**⑩締めくくり**

最後は「以上」で締めます。

**⑪実務担当者名**

部署・氏名・連絡先（内線番号・携帯電話の番号・メールアドレス）を明記。

## 社内文書の例

① 営発 123 号

② 平成○年○月○日

③ 関係各位

④ 営業部長 ××××

**⑤「新製品○○○」の販売戦略会議開催の件（通知）**

⑥　標題の件につき、下記のとおり開催いたしますので関係者は必ずご出席ください。

⑦ 記

1. 日時　×月×日（火）14：00 ～ 16：00
2. 場所　本社A会議室
3. 内容　「新製品○○○」の販売戦略について
　・展示会開催の詳細確認
　・ウエブ、カタログによる販売計画について

⑧ なお、当日は別紙資料をお持ちください。

⑨ 同封物　資料 1 部

⑩ 以上

⑪ ○○部 伊藤佳子

内線 1234

090−○×○×−△△△△

y.ito@×××.co.jp

## 社外文書作成のポイント

社外文書は、社外の人に向けて発信する対外的な文書です。失礼にならないように、儀礼的なあいさつで始め、締めくくりにも慣用的な儀礼の表現を用います。

基本フォーマットのポイント

**①発信年月日**

文書番号はなく、発信年月日だけの場合が一般的です。

**②受信者名**

個人の受信者の場合は、会社名、部署名、肩書き、個人名の順に一括で書きます。敬称に注意。(↓227〜228ページ)

**③発信者名**

文書発行責任者の会社名、部署名、肩書き、氏名。

**④件名**

内容がひと目でわかるものを。社内文書と違い、「お知らせ」「ご案内」などとていねい語で表現します。

**⑤前文**

社内文書との大きな違いは、あいさつ文が入ること。「拝啓」などの頭語に始まり、時候、先方の安否、感謝〔お詫び〕の順であいさつを綴ります（↓235～241ページ）。「拝啓」の頭は1文字下げないのと、後ろには「、」が入らないことに注意。

**⑥主文**

「さて」で始めます。

**⑦末文**

「まずは」で締め、結語で終わります。

**⑧記**

文中に下記とあれば、「記」を入れ、その下に箇条書きで詳細を記します。

**⑨注記・付記・実務担当者名**

注記・付記は社内文書に同じ。担当者名のところには、社名と代表電話、携帯電話も。

## 社外文書の例

① 平成○年○月○日

② お取り引き先各位

③ 東京都千代田区□□ ○−×
△△△△株式会社
営業企画部

### ④「新製品○○○」のご案内

⑤ 拝啓　立春の候、みなさまにはいよいよご清祥のこととお喜び申し上げます。平素は格別のご高配を賜り、厚く御礼申し上げます。

⑥　さて、弊社ではこのたび、「新製品○○○フェスタ」と題して、下記のとおり新作発表の展示会を開催いたします。

どうぞ、みなさまお誘いあわせのうえ、お越しくださいますよう心よりお待ち申し上げております。

⑦　まずは、ご案内まで。

敬具

⑧ 記

1. 日時　平成○○年○月○○日（日曜日）
2. 場所　★★★ホテル　2 階「葵の間」
東京都渋谷区□□ ×−○
（別紙の地図をご参照願います）
TEL 03−××××−○○○○

⑨
なお、ご質問やご不明な点がございましたら、
営業企画部　中井寿和子までお問い合わせくださいませ。

以上

担当：△△△△株式会社
営業企画部　中井寿和子
TEL 03−××××−××××

## 定型文を使って品のある社外文書を目指す

### ◎慣用句を上手に使いこなそう

社外文書は、個人のお客さまに対してと、取引先などの組織に対して出す場合とがあります。どちらも会社を代表して出すものですから、基本のフォーマットに則して形をきちんとおさえて書くと失礼になりません。

社外文書には、以下で紹介するように、いろいろな慣用句があります。それらは長い歴史の中でつくりあげられてきたものであり、おじぎやあいさつ、敬語などと同様、日本の伝統的なマナーといえるものです。文書の中に上手に使うことで、ていねいさが増し品格も上がります。

### ◎頭語と結語

社外文書における「頭語」と「結語」は、いわば、他人の家を訪問したときに「ごめんください」、帰り際に「失礼します」とあいさつするのと同じで、お悔や

| 種類 | 頭語 | 結語 |
| --- | --- | --- |
| 一般的な文書 | 拝啓 | 敬具 |
| 儀礼的な文書 | 謹啓、謹呈 | 敬白、謹白 |
| 前文を省略する場合 | 前略 | 草々、不一 |
| | 上司、お客さまには使わない。「草々」を「早々」と変換ミスしないこと。 | |
| 急用の場合 | 急啓 | 不一、以上 |
| 返信文書 | 拝復 | 敬具、敬白 |
| | もらった手紙にすぐに返事を出す場合は、「拝復」がおしゃれ。 | |
| 再信文書 | 再啓 | 敬具、拝具、敬白 |

## 時候のあいさつ

**1月**

新春の候、初春の候、厳冬の候

**2月**

余寒の候、春寒の候、立春の候

**3月**

早春の候、浅春の候、春分の候

**4月**

陽春の候、春暖の候、春風の候

**5月**

新緑の候、若葉の候、薫風の候

**6月**

初夏の候、梅雨の候、向暑の候

**7月**

盛夏の候、大暑の候、酷暑の候

**8月**

残暑の候、立秋の候、秋暑の候

**9月**

初秋の候、新涼の候、秋涼の候

**10月**

仲秋の候、秋冷の候、菊花の候

**11月**

晩秋の候、向寒の候、落葉の候

**12月**

初冬の候、寒冷の候、師走の候

みやお見舞いなどの特殊な文書をのぞいて、両方ともつけるのが原則です。その組みあわせには、236ページの表のように決まりがあります。

## ◎時候のあいさつ

頭語のあとに、時候のあいさつを入れます。季節に関係なく、「時下」でひとくくりにする場合もありますが、各月に対応した漢語表現を使うのが正式であり、差出人のセンスと教養を感じさせます。

237ページの「時候のあいさつ」の一覧を参考にして、季節ごとに使い分けましょう。月の変わり目は、どちらの月の時候のあいさつがふさわしいのか悩むところですが、受け手がいつ受け取るのかを考えて選ぶのが基本です。

一覧で紹介したのは伝統的な漢語表現ですが、肌で感じた季節感を表現する和語のあいさつ文もあります。親しいお客さまなどには、その和語表現を使うことで、より近しさを感じてもらえることもあります。いくつか例文をあげておきますので、参考にしましょう。

◆行く春を惜しむかのように、桜の花びらが舞う頃となりました。

◆雨に濡れる紫陽花が色濃くなる季節となりました。

**社外文章の流れ**

拝啓／謹啓 ＋ ○○の候 ＋ 貴社／御社 ＋ ますます／いよいよ ＋ ご繁栄／ご隆昌 ＋

のこととお喜び申し上げます ＋ 平素は／日ごろは ＋ 格別の／何かと ＋ お引き立て／ご愛顧 ＋

を賜り／をいただき ＋ 厚く御礼申し上げます。／誠にありがとうございます。 ＋ さて……（本文） ＋ まずは／以上 ＋ 敬具／敬白

◆暑さ厳しいこの頃、風鈴の音に涼を感じる季節となりました。

◆木々たちも赤く染まり、燃ゆる秋の訪れです。

◆日ごとに寒さが加わり、コートの襟を立てたくなる季節となりました。

## ◎先方安否のあいさつ

時候のあいさつに続けるもので、会社向けと個人向けで多少変わります。

[会社など組織に向けて]

◆貴社ますますご隆昌（ご盛栄・ご繁盛・ご繁栄など）のこととお喜び申し上げます。

◆御社いよいよご隆盛の段、お喜び申し上げます。

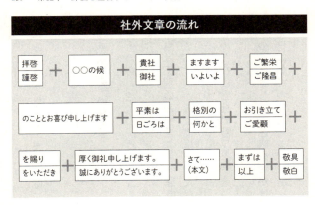

［個人に向けて］

◆（みなさまにおかれましては）いよいよご清祥（ご清栄）のこととお喜び申し上げます。

◆ますますご健勝（ご活躍）のことと存じます。

### ◎感謝のあいさつ

安否のあいさつに続けて、日ごろの取引関係についての感謝のあいさつを入れます。これも、慣用句を使うのが一般的です。

◆平素は格別のお引き立てを賜り、厚く御礼申し上げます。

◆日ごろは何かとご支援をいただき、厚く御礼申し上げます。

※「お礼」よりも「御礼」のほうが重々しく、感謝の気持ちも伝わります。

◆このたびは当社の製品をお買い上げいただき、ありがとうございます。

［お詫びの場合］

◆〜の件に関してご迷惑をおかけいたしましたこと、深くお詫び申し上げます。

◆先日はわざわざ当社までお越しいただき、恐縮しております。

### ◎締めくくりの言葉（末文）

「まずは」「以上」で書き出し、締めくくりの言葉を入れます。

- ◆まずは略儀ながら書中にてごあいさつ申し上げます。
- ◆まずはお願いいかたがたご案内まで。
- ◆以上、ご通知申し上げます。

末文のあとに結語が入ります。

ワンランクアップアドバイス

**手書きで一筆添えるときは、別の便せんで**

作成した文書の空欄に、手書きで「よろしくお願いします」「お越しをお待ちしています」などと添えるのは、基本的におすすめしません。企業に向けて出す以上は、儀礼的に送るほうがきれいです。フォローしたい場合は、電話やメールを利用します。親しい相手に何かメッセージを添えたいときは、季節を感じさせる一筆箋を用意しておくと重宝します。

## ビジネスはがきの書き方

### ◎心をつなぐホットライン

はがきは、形式ばらないで手軽に利用できるコミュニケーションツールです。ビジネス文書と違い、儀礼的なあいさつを略せて素早く書け、封筒に入れる手間もいりません。先方も開封の手間が省けるため、忙しい時間の合間にすぐに読めて助かります。

自社の商品・サービスに興味を持ってお問い合わせをいただいたお客さま、あるいは、新規のご契約をいただいたお客さまに、その日のうちにお礼状を書いて出しましょう。

**はがきはタイミングが大事で、相手の印象が新鮮なうちに届けば、それだけ感動を持って受け止めてもらえます。**

手紙はおおげさになり、電話は先方の時間を拘束することになりますが、はがきであればその心配もありません。経費があまりかからず、それでいてこちらの誠意が伝わるホットラインです。大いに〝筆マメ〟になりましょう。

## ◎ビジネスはがきの基本

### ①TPOを考えて出す

はがきは、手紙（封書）の略式にあたります。手軽で便利な半面、失礼にあたる場合もあるため、TPOを考えて出すこと。

### ②できるだけ手書きで

連絡先の変更など事務的な通知は、印刷したものでもさしつかえありませんが、お礼状などどこちらの心を伝えるのが目的の場合は、手書きのほうがぬくもりを感じさせ、先方の印象もよくなります。

字が苦手でも、気持ちがこもっていれば、誠意は伝わります。催し物の案内など、パソコンや印刷で作成したはがきでも、親しいお客さま、担当者には、余白に手書きでひと言添えると特別感を感じさせ

| 筆記用具のフォーマル度 |
| --- |
| お客さま・目上の人<br>万年筆 |
| 社内・協力先<br>ボールペンも可 |
| 友人・家族<br>サインペンも可 |

※鉛筆はマナー違反

ます。フォーマルな筆記具は万年筆。毛筆も印象に残ります。

**③誰かに見られることを念頭に**

はがきは、封書と違って、手にした人が誰でも読めるオープンなツールです。簡易で便利ですが、プライバシーや秘密、重要な用件を読まれる危険もあります。

はがきを出すときは、第三者が読むかもしれないことを常に頭に入れて書きましょう。個人情報に関わること、他人に知られてまずいこと、会社の重要情報、機密情報などは避け、文書の表現にも注意が必要です。

**④1枚に1件の用件を**

はがきの寸法は決まっており、1枚に書ける文字数にもかぎりがあります。用件は1枚に1つだけ。150〜200字をめやすに、簡潔に要領よくまとめます。

## ◎表書きの注意点

①○○丁目までは固有名詞と考え、漢数字を使う。そのあとは漢数字でもアラビア数字でもOK。何番何号は「25—5」と線で続けてもかまわない。

## 表書き

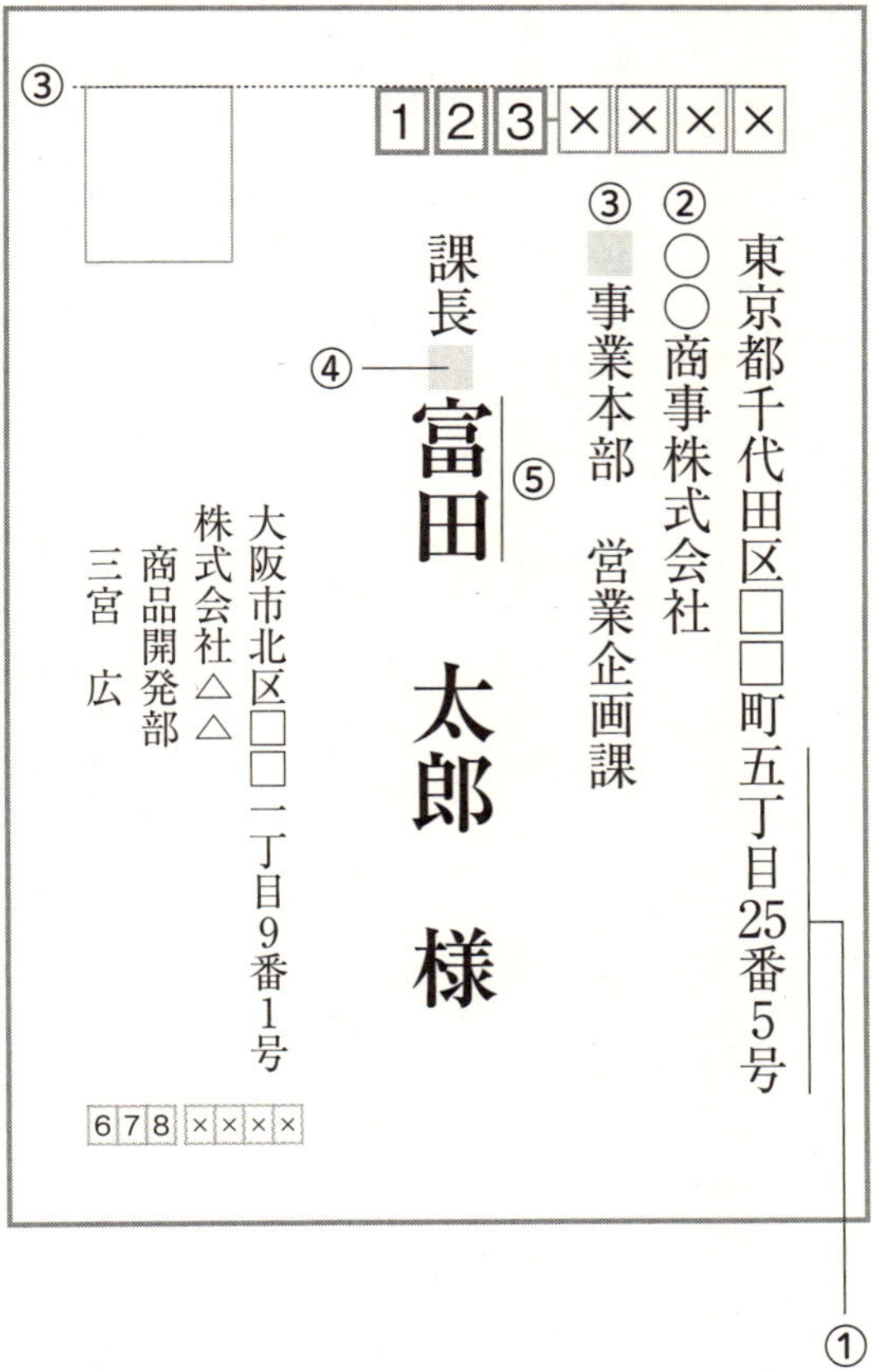
123-××××
東京都千代田区□□町五丁目25番5号
○○商事株式会社
事業本部　営業企画課
課長
富田　太郎　様
大阪市北区□□一丁目9番1号
株式会社△△
商品開発部
三宮　広
678-××××
①
②
③
③
④
⑤

②社名は正式名を書き、（株）（有）も略さずに「株式会社」「有限会社」とする。社名の前につくか後ろにつくかに注意を。

③部署名は1字か2字下げ、住所、社名、肩書の天の高さを揃えると、整った感じが出てくる。郵便番号のボックスと切手を貼る高さをあわせておくのも同じ。

④肩書きと氏名の間は1文字空ける。氏名の大きさと字間は、はがきにおさめたときのバランスが大事。氏名と「様」との間は空けても空けなくてもよく、文字の大きさも同じでよい。

⑤名前を正しく書く。「とみた」は富田か冨田か。櫻井を桜井と略するのは失礼になる。

## ◎裏面（本文）の注意点

①縦書きが基本だが、最近は横書きも増えている。ただし、あいさつ状など改まったはがき文は、縦書きにするのが本来。

②頭語と結語を記し、季節や安否、感謝のあいさつから始める。

③びっしり埋めずに、適度な空間を取る。天地の空間は同じに。

## 裏面

①

④前文　④主文　④末文

②頭語

拝啓　新緑の眩しい頃となり、貴社ますますご発展のことと存じます。

このたびは、ご多忙中のところ、新工場視察の機会をいただき誠に有難うございました。

貴社の皆様にも非常に良くしていただき、恐縮いたしております。拝見した設備も技術も素晴らしく、大いに刺激をいただきました。この貴重な経験を生かし、全力で商品開発に努めてまいります。どうぞ今後ともご指導ご鞭撻のほど、宜しくお願い申し上げます。

まずは略儀ながら書中にてお礼申し上げます。

敬具

②結語

平成〇年〇月〇〇日

株式会社△△
商品開発部　三宮　広

③

〇〇商事株式会社
課長　富田太郎様

④前文、主文、末文で構成する。

ワンランクアップアドバイス

**封書にするか、はがきにするか**

封書にすべきか、はがきでよいのか迷ったときは、次をめやすにしましょう。

・中身を知られてよいか悪いか……▼よい場合ははがきでもＯＫ
・形式を重んじるかどうか……▼重んじる場合は封書
・ていねいな気持ちを伝えたいかどうか……▼伝えたい場合は封書
・情報量が複雑で多いか、簡単で少ないか……▼後者ははがきでもＯＫ
・同封するものがあるかないか……▼あれば封書

## ビジネスメールの書き方・送り方

### ◎便利なだけにマナーに注意を

今やメールは、ビジネスに欠かせない通信ツールの一つです。社外の人とのやりとりだけではなく、社内においても、部署間の連絡や上司への報告などにメールが頻繁に使われています。

メールのメリットは、「時間帯を気にせずに作成して送れる」「同じ内容を同時に大勢の人に送信できる」「記録性がある」「データを添付できる」などです。

反面、「いつ見てくれるかわからないために緊急に不向き」「文章表現によっては誤解を生じやすい」「パソコン環境の違いで送受信がスムーズにいかない場合がある」「変換ミスを起こしやすい」などのデメリットもあります。

**便利ですが、顔が見えない、声が届かないために、書き方を間違えると、先方に不快感を与えたり、先方の誤解を招かないともかぎりません。**メールの通信マナーを知っておきましょう。

## ◎ビジネスメールの基本

メールは、社外の人だけでなく、社内においても活用されています。手軽なだけに、マナーを軽視しがちです。基本を大事にしましょう。

### ①時候のあいさつは不要

文書とメールとの大きな違いは、メールのほうがより簡潔なことです。

社外の人へのメールでも、頭語と結語をつける必要はありませんし、時候のあいさつ、安否のあいさつもメールにはなじみません。ビジネスの慣用句である「いつもお世話になっております」で始めるぐらいで十分です。

### ②急ぎの用件は確認の電話を

メールはすぐに送れる速報性を持っていますが、送ったメールを相手が見てくれているかどうかはわかりません。

急ぎの用件のときは、見てもらっているものと思い込まないで、「メールをお送りさせていただきました。ご覧ください」という電話を入れたほうが確実です。

**③1つの用件の返信では本文を残しておく**

返信用のリターンメールを作成する場合、件名を変えたほうがよいのか、送られてきた本文は消すのか残すのか、判断に迷うところでしょう。

1つの用件の返信であれば、件名も本文も残しておいたほうが、用件とその返事を同一画面で見ることができ、便利です。これは、記録性があるメールのメリットといえます。

**④個人情報、機密情報はＮＧ**

あやまって送信するなど、データ流出の危険があります。クレジットカードやパスポートの番号、社内の機密などはメールで送らないことです。

**◎社内メール**

①**宛先**……必要であればＣＣ、ＢＣＣを使う。

②**件名**……15文字以内をめやすに、「～の件」「～について」などと、本文の内容を端的に示す。

③**添付**……添付するものがあればここに。添付忘れをしないこと。

④**本文**……まず冒頭に、誰宛かを入れる。大勢の場合は「各位」「みなさん」、同

**社内メールの例**

| | |
|---|---|
| 宛先 | ① |
| 件名 | 備品搬入の打ち合わせ日程について　② |
| 添付 | ③ |

小林さん　④

お疲れさまです。教育研究部の堀です。　⑤

先日ご相談させていただいたとおり、
備品の搬入について打ち合わせをお願いします。⑥

小林さんのご都合のよい時間をいくつかお知らせください。

本件、10日（月）までにご連絡ください。
よろしくお願いします。

************************
人事総務部　教育研究部　堀　真理
HP　080－××××××××
内線　74－××××
************************

報通信の場合は、役職、年齢の高い人から順に縦に並べる。

⑤「お疲れさまです」など日常で使われている簡単なあいさつで始め、そのあとに送信人名を続ける。

⑥すぐに要件に入っていく。読みやすくするために改行を入れ、段落のつど1行空ける。1行の文字は全角で30文字がめやす。「よろしくお願いします」で終わる。

**◎社外メール**

①**件名**……簡潔さは社内用と同じだが、ていねいさが加わる。

②**本文トップの宛名**……社名（正式名）、役職名、氏名（フルネームが

よりていねい）の順に。
③**本文**……「いつもお世話になっております」とビジネスの慣用句で始める。
④**送信人名**……改行して入れる。
⑤1段落書いたら1行空けて、空間をたくさんとっていく。
⑥細かい情報は、ダラダラと横に並べないで、改行して縦に並べる。
⑦最後はあいさつで締める。
⑧差出人情報の書き方は、社内と社外では違うので気をつける。

宛先、添付については、社外メールと変わりません。

## 社外メールの例

| | |
|---|---|
| 宛先 | 佐藤美香様 |
| 件名 | (ご案内)「新製品○○」の展示会について ① |
| 添付 | 「新製品○○○」展示会のご案内状 |

◆◆◆株式会社
佐藤美香様 ──②

いつもお世話になっております。③
△△△の小林でございます。④
──⑤
先日お電話でご依頼をいただきました
弊社主催の『新製品○○○』の展示会のご案内を
添付にてお送りさせていただきます。
なお、当日は以下の商品を展示し
皆様のお越しをお待ちしております。
BK1118－1
BE1118－2
ご確認いただきますよう、よろしくお願いいたします。 ──⑥

なお、ご不明な点がございましたら
ご遠慮なくお問い合わせくださいませ。
よろしくお願いいたします。 ──⑦

::::::::::::::::::::::::
△△△株式会社
営業企画部　小林 浩
TEL 03-××××-○○○○
FAX 03-××××-○○○×
E-mail h.kobayashi@×××co.jp
東京都千代田区□□町5丁目25番5号
:::::::::::::::::::::::: ──⑧

## メールは誤解を生みやすいツール

**メールでの情報のやりとりは、文書や電話と違って、簡単に送れるだけに、言葉が足りなくなってしまいがちです。**時には、自分の気持ちが思っているとおりに伝わらず、受取人の感情を害してしまうことがあります。

### ◎メールで相手に気持ちよく伝える方法

**・お礼を述べる**

256ページの悪い文例のほうは、文中に「ありがとうございます」の感謝の表現がありません。前半の半分が届いているのなら、まずそれに対して「ありがとうございます」とお礼を述べます。

同じことを伝えるのにも、いいまわし一つで受け手の感じ方がまったく違ってきます。

**・否定を肯定的表現に**

また、「届いていません」「しわ寄せが出る」「そっけない感じ」など、否定的

## 悪いメールの例

◆◆◆株式会社　鈴木三郎様

△△△の小林です。いつもお世話になっております。

送付をお願いした広告デザインの後半がまだ届いていません。
今後のスケジュールにしわ寄せが出るので、
ぜひとも２、３日中には残りの分を送ってください。

さて、いただいた分についてざっと拝見しました。
第一印象として、中高年向けの広告としてはそっけない感じです。
もう少し親しみやすいものにしてください。

残りのデザインもこの点に注意して作成してください。

△△△株式会社　小林 浩

**よいメールの例**

◆◆◆株式会社　鈴木三郎様

いつもお世話になっております。△△△の小林と申します。

ご送付をお願いした広告デザインにつきまして、
前半部分をお送りいただき、誠にありがとうございました。

いただいたデザインを拝見しました。
私どもの意見を十分に汲み取っていただき、ありがとうございます。

内容について、一点お願いがございます。
第一印象として、中高年向けの広告としては
さっぱりしすぎているように感じました。
残りのデザインも含め、少し親しみやすい表現を加えていただけますと、より販売しやすいものになるかと存じます。

また、後半部分につきまして、お忙しい中大変恐縮ですが、
今後の予定もございますので、できれば2、3日中にお送りいただけますでしょうか。

以上、お手数をおかけいたしますがよろしくお願い申し上げます。

△△△株式会社　小林 浩

な表現が多く、語尾を「です・ます」調にして一見、敬語を使ったていねいな表現ですが、かえって冷たく感じます。

否定語を肯定的な表現に変えていくことでずいぶん変わります。

257ページのよい文例を参考にして、表現の使い方に注意しましょう。

ワンランクアップアドバイス

**通信ツールのフォーマル度**

社外の人とやりとりする場合、封書にするか、はがきにするか、メールにするかは、相手とのつきあいの新密度や内容などによって使い分けます。そのめやすとなるフォーマル度は次のとおり。

封書の手紙 → はがき → 電話 → ファックス → メール

フォーマル ←→ カジュアル

メールだけでは、気持ちは伝わりません。お礼・お詫びは電話、手紙が必要です。

# ファックスのマナー

## ◎一般常識として知っておきたい

その役割がメールに取って代わり、軽視されがちのファックスですが、ビジネスの現場ではまだまだ現役。会社に入るまでファックスを使ったことがなかったという人も増えており、使い方や送信時のマナーについての要点は理解しておきたいものです。

## ◎メリットとデメリット

ファックスのメリットは、電話より正確性が高く、郵送より早く文書を届けることができること。またスキャンをする手間がはぶけることです。一方で、送信ミスがおきやすく、相手に確実に届いたかどうか、すぐにわからないのがデメリットです。ファックスの特性を理解したうえで上手に活用しましょう。

## ◎送信状をつけるのがマナー

ファックスを送る際は送信状をつけます。送信漏れを防ぐためにも送信状を含めて何枚送ったのか必ず明記するようにしましょう。

## ◎大量送信はNG

ファックスは相手側の用紙に印字され、その分のコストがかかります。大量送信は迷惑になりかねません。また、文字の大きさや濃度による可読性が原因で再送になることがないように配慮しましょう。

## ◎送信内容に注意

ファックスで最も気をつけたいのは送信ミス。誤った番号に送ってしまうことが無いよう十分に注意しましょう。また、ファックスは送信後、担当者以外の人の目に触れる可能性があります。重要な内容や機密事項は送らないようにしましょう。

## ファックスの送信状の例

# ＦＡＸ送信案内

平成　30　年　3　月　15　日

▲▲▲▲ 様

FAX : 03-□□□□-□□□□

△△△株式会社
営業企画部　小林　浩
〒123-××××
東京都千代田区□□町 5 丁目 25 番 5 号
TEL 03-××××-××××
FAX 03-××××-××××
E-mail h.kobayashi@×××.co.jp

送信枚数　2　枚（含む送信案内）

ご不明な点等ありましたら、お手数ですが、上記発信者までご連絡ください。
よろしくお願いいたします。

---

いつも大変お世話になっております。
先ほどは、お電話で失礼いたしました。

弊社主催の『新製品○○○』の展示会のご案内を
お送りさせていただきます。
皆様のお越しをお待ちしております。

どうぞ宜しくお願い申し上げます。

## ビジネス文書のまとめ

- グローバルな時代でもビジネスの契約は文書で取り交わす。文書は組織の意思表示
- ビジネス文書はルールを覚えれば誰にでも簡単に書けるもの
- 社内文書は「正確」「簡潔」「迅速」が基本。格式ばった慣用句は不要
- 社外文書は儀礼的なあいさつと慣用表現を重視。定型パターンでまとめる。
- メールは送ってしまったら二度と取り消せない。送信前に宛先と文面を確認する

# 第13章 人間性を見られる会食のマナー

# ビジネスを円滑に進めるためにも重要

社会人になると上司と同席して会食をする機会も出てきます。営業職であればなおさらです。

**会食はビジネス。取引先と食事をするということは、以降の仕事を順調に進めたいと願う目的があってのことです。**目的が達せられるよう、相手を不快にさせたり、上司や会社の顔にドロを塗ることがないよう、会食のマナーも知っておきましょう。

## 会食のスマートな手順

**①会食を申し出る**

「一度、お食事でもいかがですか」と日頃の感謝を込めて会食の意向を伝えましょう。相手の都合のよい候補日を2、3日あげていただき、同席する上司や先輩の都合も合わせて調整します。

**②お店選び**

会食が成功するかどうかはお店選びで決まるといってもいいでしょう。

上司からお店選びを任されたら、目的や予算を聞いて、最適なお店を選びます。可能であれば一度下見に行っておくと安心です。招待者、同席者の好みを伺い、取引先からのアクセスも考慮します。

目的によっては個室の有無も確認しましょう。

**③お店の予約**

お店を決めて、上司の了承を得たら予約をします。コース料理を予約しておくのが無難です。相手の苦手な食材やアレルギーなどがあれば事前に伺いお店に伝えておきます。

最近ではインターネットで予約ができるお店も多いですが、細かい情報を得られたり、こちらの要望を伝えやすいので電話での予約がおすすめです。

予約ができたら上司に報告し、相手に店名、日時、場所、アクセス方法、当日の出席者を知らせます。

**④会食の準備**

前日までに支払い用の準備金を用意しておきます。カード払いを予定している場合はカード支払いが可能かお店に確認しておきましょう。

手土産を用意するなら前日までに。手土産はかさばらないものが良いでしょう。

**⑤会食でのお出迎え**

相手を出迎えるためにお店には15分前には到着しておきましょう。相手が到着したら全員で出迎え、上位の方から順に上座に座っていただきます。

**⑥会食スタート**

会食は楽しく食べて終わりというわけではありません。その後の会計やお見送り、場合によっては二次会のセッティングやタクシーの手配まで、やるべき事が山積みです。「飲んでも飲まれるな」という気持ちで同席します。

会話は仕事の話しばかりにならないように、相手の趣味や、最近の話題も織り交ぜて場づくりを。

目上の方からお酒をすすめられたら両手で受けます。相手のグラスの飲み物が半分ほど空いたら「いかがですか?」と注ぐようにします。飲み物がきれそうになったらさりげなく追加の注文をします。

**⑦会計**

相手に気付かれないようにスマートに行います。会食が終盤になったら化粧室に立つふりをして支払いを済ませます。テーブル会計のお店では、相手がトイレに立ったタイミングで済ませます。

あるいは、予約時、お店にテーブル以外での会計をお願いしておきましょう。クレジットカードを使用する場合は会社のカードを使います。領収証は必ず会社名でもらいます。

**⑧お見送り**

手配をしておいたタクシーにご案内し、タクシーチケットを渡す場合は事前に封筒に入れて用意しておきます。手土産もこのときに渡します。

# 会食で気をつけたいマナー

## ◎食事のタブー

・口に食べ物が入ったまま話す
・箸、ナイフ、フォークの扱い方に気をつける
・大声でお店の人を呼びつけたり、粗野な態度でお店の人に接する
・食事中に髪の毛に触る
・テーブルに鞄を置いたり、肘をつく
・周囲のペースを考えずマイペースで食べる
・お店の人に許可なく料理の写真を撮る
・煙草を吸う

## ◎会食でのNG会話集

・特定の人とだけ話す

・相手を質問攻めにする
・不平不満を言う
・人を中傷する
・政治、思想、宗教の話

## 会食のマナーのまとめ

●会食は「飲んでものまれるな」。やるべきことが山積み。お見送りまで油断せず

●手元は目につきやすいパーツ。箸、ナイフ、フォークの扱いは気をつけて

メモ

# 第14章 知らないと恥ずかしい葬儀のマナー

# 失礼のない振る舞いを

社会人になると仕事関係の葬儀に出席することもあります。年齢が若いうちは訃報に接する機会は少ないものですが訃報は突然です。

会社関係の葬儀の場で失礼がないよう基本の振る舞い方やお悔やみの場でのタブーを知っておきましょう。

## 訃報を受けたら

**・故人が取引先関係者の場合**

取引先より訃報を受けたら、弔電や供花の有無、香典の額、葬儀参列者など、会社としての対応を上司に確認し従います。参列に代表者を立てる場合は故人と同格者が出席します。

**・故人が社員・社員の家族の場合**

上司の許可を得て、通夜、葬儀、告別式に参列します。どの取引先に知らせるか、弔電、供花、香典の額についても部署内の判断に従います。当日は受付係、案内係などのお手伝いを積極的に申し出ます。

**・故人が自分の身内の場合**

すぐに直属の上司に連絡をし、忌引き休暇の手続きをします。

## ◎香典のマナー

**・不祝儀の準備**

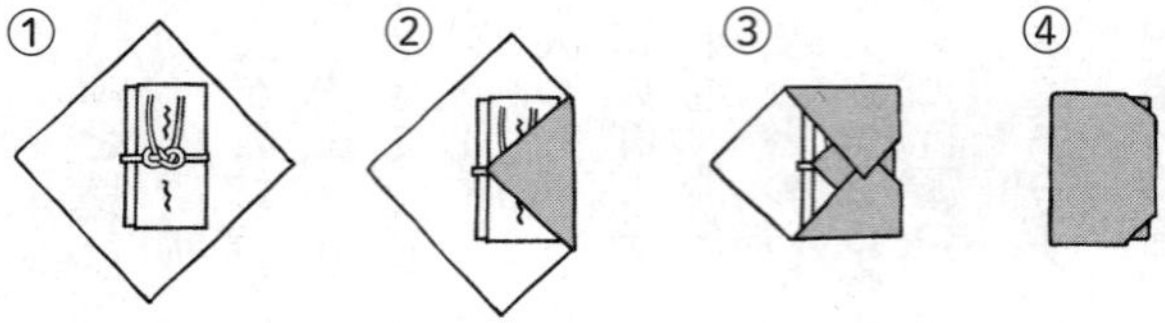


宗教がわからないとき、上包み（外袋）には御霊前と書くとどの宗派にも対応できます。水引の下に名前を書きます。薄墨のペンで書くことで「悲しみの涙で文字の墨が薄くなっている」ことを表します。中包みは表面には何も書かずに、裏面に金額、住所、名前を薄墨で書きます。中包みに入れるお金は新札を避けます。〝不幸を待って準備していた〟という意味になります。新札しかないときは折り目を付けて、顔が描かれた面を下、裏側に向くように入れます。

**・ふくさの包み方**

不祝儀袋を真ん中に置き、慶事とは反対に右側から折ります。下↓上の順で折り、最後に左から右へかぶせるように折り、つめを留めます。

## 通夜・告別式での身だしなみ

### ◎通夜での服装

通夜に喪服で参列するのは不幸を待ち受けていたようで失礼にあたるという考え方があります。したがって、地味な平服が基本ですが、できる限り黒で統一した服装が望ましいでしょう。

仕事先から駆け付けるときはビジネススーツでも構いません。女性の場合アクセサリーは外し、お化粧は控えめにします。

いざという時のためにロッカーに黒のジャケット、黒のストッキングをおいておくとあわてずにすみます。

### ◎告別式での服装

喪服で参列します。男性はスーツ、ネクタイ、靴、靴下を黒に統一。ワイシャツは清潔な白の無地にします。コート、マフラーも黒の地味なデザインのもの

## 告別式での服装

で。結婚指輪以外のアクセサリーは外します。

女性の場合も喪服を着ます。社会人になったら喪服一式は必需品と心得て用意をしておくようにしましょう。ストッキング、靴や鞄は黒で統一します。柄や光沢のないものを選びましょう。

アクセサリーは一連の黒のパールのネックレスであれば着けてもかまいません。二連、三連のアクセサリーは不幸が重なるといわれてタブーです。また，派手なネイルは控えて、長い髪はまとめるようにしましょう。

## 通夜のマナー

通夜は「受付」→「読経」→「焼香」→「通夜ぶるまい」の流れで行なわれます。「受付」ではふくさを受付台に置き、そこでふくさを開き香典を相手に向けて渡します。**この時「このたびはご愁傷さまでした。謹んでお悔やみ申し上げます」とお悔やみの言葉を述べてから芳名帳に記帳します。**記帳を先にすすめられた場合は記帳を済ませてから香典を。

「読経」では静かに僧侶の読経に耳を傾け、途中で席を立つことがないようにします。また、携帯電話が鳴ることがないようにあらかじめマナーモードに。

焼香は遺族、近親者の順に行い、座った席の順番で行います。上司の後に座り、自分の順番が来たら焼香をします。

「通夜ぶるまい」は遺族にすすめられたら応じるようにしましょう。その際、少しでも口をつけるようにし、長居はしません。

会話では「重ね重ね」「たびたび」「再三」など不幸が重なることを連想させる「重ね言葉」は避けます。

## 葬儀のマナー

葬儀に参列する場合、開始時刻の10分前には到着し受付を済ませます。受付では、悲しみの表情でお悔やみを述べます。言葉は短くてかまいません。

参列者同志のあいさつは控え、黙礼程度にとどめます。香典は通夜で渡している場合は不要です。

［仏式葬儀の焼香］

数珠は左手で胸の位置に持ち、遺族、僧侶に一礼をします。

祭壇前に進み、遺影を見つめて合唱。焼香をします。親指、人差し指、中指の3本でつまみ、目の高さに押しいただき、香炉の上に落とします。

焼香の回数は指示に従います。

遺族、僧侶に一礼して席に戻ります。

［神式葬儀の玉串奉奠］

榊の枝に紙の飾りをつけたものを玉串といい、仏式の焼香が神式の玉串奉奠にあたります。

遺族、神官に一礼をし、神官から玉串を受け取ります。葉先を左手で下から、茎側を右手で上から持ち、神前まで進みます。

玉串を時計回りに90度回転させて、茎側を自分の方に向け、続いて、茎側が祭殿に向くように右回りに１８０度回転。葉先が手前になった状態で玉串案に供えて一歩下がります。

二礼二拍手一礼をしますがこのときの拍手は「しのび手」といい音は立てません。更に一歩下がり、遺族と神官に一礼してから席に戻ります。

［キリスト教式の献花］

仏式の焼香や神式の玉串奉奠にあたるものは、本来キリスト教にはありません。

献花は故人との別れを惜しむための日本独自の儀式として行なわれます。献花にはユリ、カーネーション、菊などの茎の長い白い花を用います。

花を差し出されたら、花が右に来るように受け取り、花を右手で下から、茎を左手で上から、胸の高さに持ちます。祭壇の前にすすみ一礼。右回りに花を回して、茎を祭壇側に向けて献花台にささげます。

続いて、手を合わせて黙祷をし、信者は十字をきります。その後、牧師、遺族に一礼をし、席に戻ります。

### 葬儀のマナーのまとめ

- 訃報は突然。いつでも対応できるように喪服一式は揃えておきます
- 通夜、告別式では携帯電話はマナーモードに。通話の離席はNGです

著者紹介
**高岡よしみ**（たかおか　よしみ）

ビジネスマナー講師。人材育成コンサルタント。株式会社ファヴリオ代表取締役。

大手ホテルに勤務し接客サービスのスキルとホスピタリティマインドを身に付ける。その後、ホテル時代の経験を生かし、接客サービス業を中心にブランディングや店舗再生等のコンサルティングを手がける。

人材育成の分野では有名企業、一流ブランド、ホテル他各種サービス業に向けてビジネスマナー研修、接客接遇研修、顧客満足研修などを行う。お客さまに喜ばれ、やりがいを持って働くスタッフを増やし、企業イメージの向上、売上向上に貢献することを使命とし日々活動を続けている。

著書に『心をつかむ接客マナー～お客さまを主役にする瞬間～』（PHP研究所）がある。

趣味はホテル巡り。世界中のラグジュアリーホテルを訪れ、紀行の執筆も行う。

株式会社ファヴリオ　http://www.favlio.com/

**参考文献**

『「声」と「言葉」で心に響くプロの話し方作法』川邊暁美著（明日香出版）

**編集協力**
株式会社ワード

本書は、2008年5月にPHP研究所より発刊された『心をつかむ接客マナー』を再編集し、改題したものである。

ＰＨＰ文庫 「ビジネスマナー」基本の基本

2018年４月16日 第１版第１刷

著　者　髙岡よしみ
発行者　後藤淳一
発行所　株式会社ＰＨＰ研究所
東京本部 〒135-8137 江東区豊洲5-6-52
第二制作部文庫課 ☎03-3520-9617(編集)
普及部 ☎03-3520-9630(販売)
京都本部 〒601-8411 京都市南区西九条北ノ内町11
PHP INTERFACE https://www.php.co.jp/
組　版　朝日メディアインターナショナル株式会社
印刷所
製本所　図書印刷株式会社

 ISBN978-4-569-76821-2

# 「朝に弱い」が治る本

## スッキリした目覚めを手に入れる習慣

鴨下一郎 著

「朝に弱い」のは本当に低血圧のせい？――いつまでもベッドから起きられない現代人に、ぐっすり眠り、スッキリ目覚める秘訣を大公開！

定価 本体四三八円（税別）